「見た目」に絶対的な差がつく

男のロジカル美容

75

ヘア＆メイクアーティスト
荒木尚子

主婦の友社

すべての男性には イケメンスイッチが潜んでいる

はじめまして。ヘア&メイクアーティストの荒木尚子と申します。

ヘア&メイクの仕事に携わり、はや30年近く。主に男性ミュージシャンやアーティストの方のライブや撮影のお仕事をさせていただいています。

長年この仕事を続けてきて実感するのは、すべての男性には、「美の伸びしろ」があるということ。そして、ほとんどの男性がその伸びしろを伸ばしきれていない……。正確に言えば、それ以前に、伸びしろの存在に気づいてさえいないということです。

私の仕事は、アーティストの方の個性と魅力を最大限に引き出すこと。新曲やライブのコンセプトに合わせ、毎回新鮮なビジュアルをつくり出していくことも重要な任務。もともとが魅力的な方ばかりということもありますが、魅力は、いくらでも新しく引き出していくことができるものであると、実感しています。

これは一般の男性でも同じこと。世の中の男性はどなたでも、磨けば光るのです。しかもその伸びしろは大きい。なぜなら、美容にまだ本気を出していないメンズ、効果的な方法を知らないメンズが大多数だから。

つまり、正しい「知識」を得て本気を出しさえすれば……、「イケメンスイッチ」を入れさえすれば、ほぼ100%の男性が、別人のようにイケメン度が上がるのです。その可能性の大きさは、スキンケアやメイク、ヘアスタイリング、ダイエットの方法を何も知らずにいる女性が、美容に本気を出したら?と考えると、おわかりになるかと思います。

素材は関係ない。知識だけで絶対カッコよくなれる

「イケメン製造機」というありがたい異名すら頂戴している私が断言したいのが、イケメンになるためには「素材」は関係ないということ。必要なのは「知識」。美容についての正しい「知識」、つまり効率的に結果を出す方法を知れば、見た目は確実に変わります。日々実践していけば、「知識」のないほかの男性と、見た目において圧倒的な差が出るでしょう。

この本は、私が長年の経験から導き出した、簡単で確実に結果の出せ

る、男性のための美容「知識」をお伝えする本です。

といっても、メイクをしなければならない、メンズエステに通わなければならない、ということではありません。たとえば、眉をシュッと見せるとかし方を知る。髪のボリュームを自在にコントロールできるヘアワックスのつけ方を知る。肌コンディションの整うスキンケアの方法を知る。それだけでも、何もしていない状態、間違った方法で行っている状態と大きな差が生まれます。さらに、ヘアアイロンの使い方や、青ひげの隠し方など、プラスアルファの「知識」があれば、無敵。

どの「知識」にも、裏付けがあります。アーティストやタレントの方々を、どんなコンディションのときも、どんなに時間がなくても、女性たちがざわめき、男性にはあこがれられるスーパーイケメンに整えてきた、という30年近い実績が。とはいえ、簡単なテクニックばかり。ぜひ「知識」を頭に入れ、日々実践していただければと思います。

イケメンアーティストも最初からカッコよかったわけではない

イケメンアーティストがみな、生まれながらにカリスマ性に満ちあふれているわけではありません。なかには、デビューまで眉の手入れすらしてこなかったという方もいらっしゃいます。たかが「見た目」。されどその「見た目」が、どれだけパフォーマンスに影響するか、ヘア&メイクを体験されて、皆さん実感されるのです。

ご自身のテンションが上がる、お客さまの反応が変わる。すると自信に満ちあふれたパフォーマンスができ、その輝きがまたファンを増やす、というポジティブな相乗効果が生まれます。そうして生まれるのが「イケメンアーティスト」なのです。

一般のメンズでも同じことがいえます。「見た目」で好印象を与えること、自信をもってふるまえるようになることのアドバンテージは、特に長期的に見た際、はかり知れません。仕事でも、対人関係でも、イケメン度を上げてトクすることは山のようにあっても、ソンすることは一つもありません。

そう、「イケメン」にならないでいる理由は、ないのです。

本書を手にとってくださった男性のみなさんは、「知識」を得ようという意欲があるということ。すでに「イケメン」度を上げるための一歩を踏み出しているのです。私が30年近く試行錯誤して編み出した「イケメン製造術」のエッセンスを凝縮したこの本で、眠れる「イケメンスイッチ」を押し、美の「伸びしろ」を発見していってください。確実に、人生そのものが、より明るいものに変わっていくはずです。

CONTENTS

PART 3 肌

MEN'S
LOGICAL
BEAUTY

PART 1

眉

EYEBROWS

PART 1

眉だけで男の顔は激変する

眉は、顔の印象の8割を決めるともいわれる、実はもっとも重要なパーツ。色が濃くて立体感があり、表情を演出する役割もあるからです。女性がアイメイクを変えてもなかなか気づかないものですが、眉を描いてない日は「今日は顔が薄いな」と目を留める男性も多いのでは？　特にマスク生活が続く今の社会では、眉が第一印象を決めるといっても過言ではありません。

逆にいえば、眉さえ整えれば、イケメン度が格段に上がるということ。メイクまでせずとも、毛流れを少し変えるだけで、目力を強く見せたり、顔を小さく見せたりできます。カットなどのお手入れも加えれば、イメージを大きく変えることも可能。

また、ビジネスにおいて、クライアントから好印象をもたれるために眉毛を整える男性も増えています。もはや、眉を整えることは身だしなみの一環であるといえます。男性は素のまま、自然体でいるべきと、眉に手を入れないのは損でしかありません。

とはいえ、「やっぱり眉をいじるのに抵抗がある」、あるいは「なんとなく整えているけど、正解がわからない」というメンズが多いのも事実。そんな方でも今すぐできる、簡単かつ自然な眉のスタイリング術からご紹介します。

001

「歯間ブラシ」があれば3秒でイケメンの眉になる

眉の整え方がわからない。手入れして不自然になるのも困る。そんなメンズに推奨したいのが「歯間ブラシ」によるお手入れ。眉は、何もしなければ毛並みはバラバラ。薄い眉はぼやけ、濃い眉はゲジゲジに見えるもの。しかし軽くとかすだけで、驚くほど顔全体が整って見えるのです。

ポイントは眉に「芯」をつくること。眉の天地の中央に背骨のように濃い部分をつくると、顔全体が一気にキリッと見えます。

この「芯」をつくるのに最適なのが「歯間ブラシ」。かたくて高密度なブラシの毛が、細い毛までとらえるから。眉の上下からとかして、毛を中央に集めるだけ。左ページの左下のような八の字眉など、少々形に難ありの眉の調整にも有効です。

歯間ブラシで眉に「芯」をつくる

PROCESS

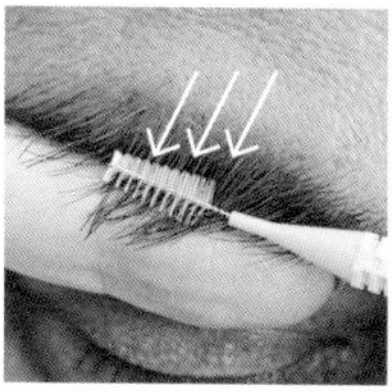

1

眉の下半分を指でおさえ、上から中央へと歯間ブラシでとかす。眉頭→眉尻へ少しずつ位置を変え、整える。

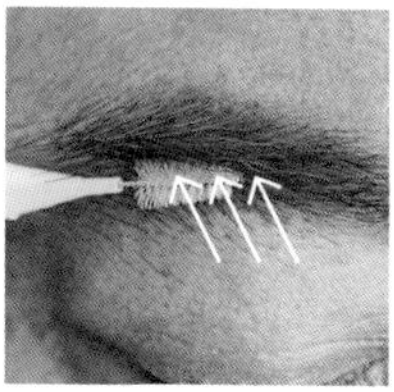

2

眉の下側から中央へと毛流れを整える。上下両方から毛を集め、眉の中心に芯となる線を生み出す。

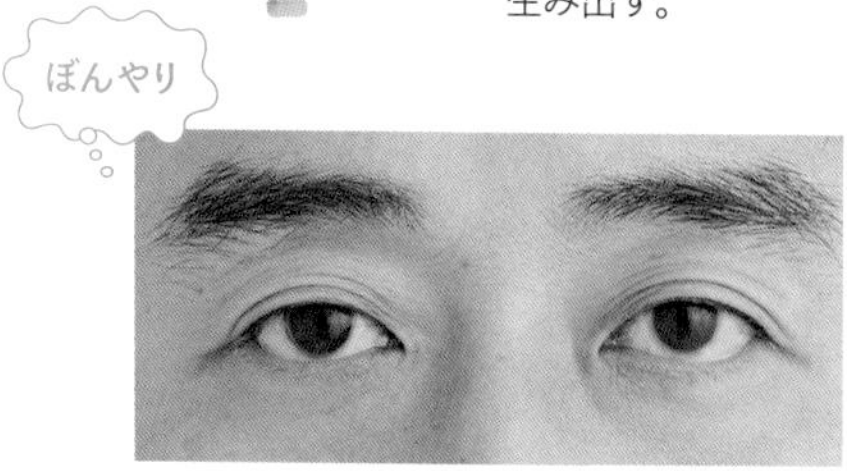

BEFORE

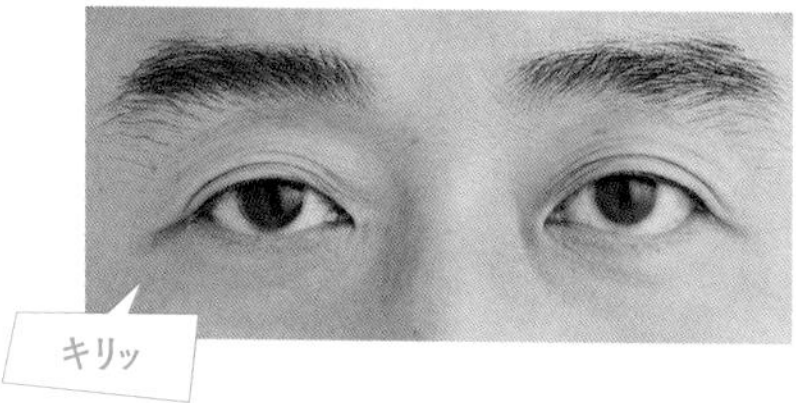

AFTER

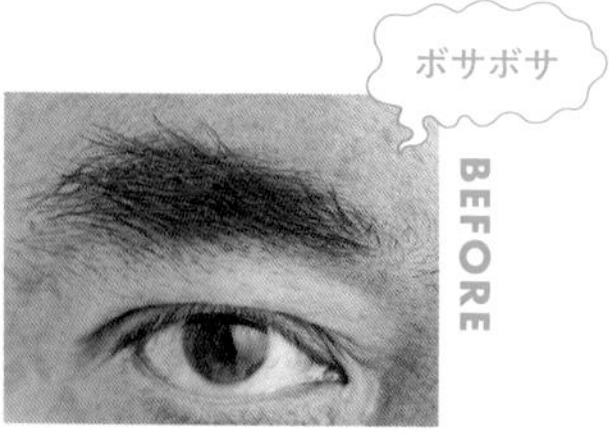

BEFORE

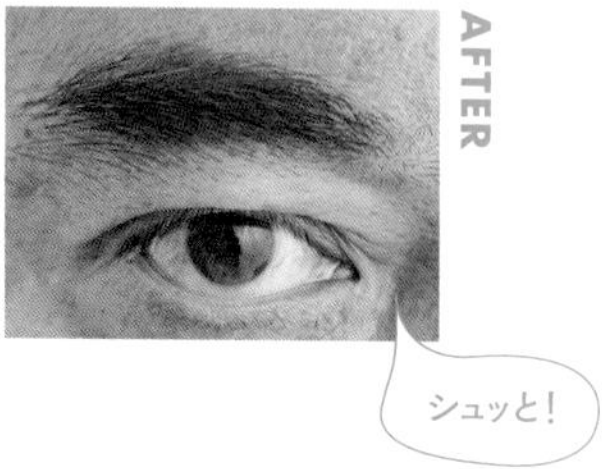

AFTER

002

シェーバーで「眉と肌の境界線」を引く

男らしい「イケ眉」と、もっさりしたり、貧相に見えたりする眉の違いは、「アウトライン」がはっきりしているかどうかも大きなポイント。眉の周囲に産毛などの余分な毛があると、あか抜けず、気を使っていない印象に。この余分な毛をシェーバーで除けば、眉と肌の境界線がくっきりし、「散らかり眉」が、キリッと整った「イケ眉」になるのです。

よくハサミで眉を切りそろえる人がいますが、アウトラインをとることにおいては、ハサミの使用はプロ並みの技術力を要します。セルフで手入れをするなら、眉用シェーバーを使うのが得策。どこまで剃ればいいかわからない、という人は、21ページの理想の眉の形を参考にしてください。細すぎや、角度のつけすぎは時代遅れの印象になるので注意。

「イケ眉」と「散らかり眉」の境界はココ

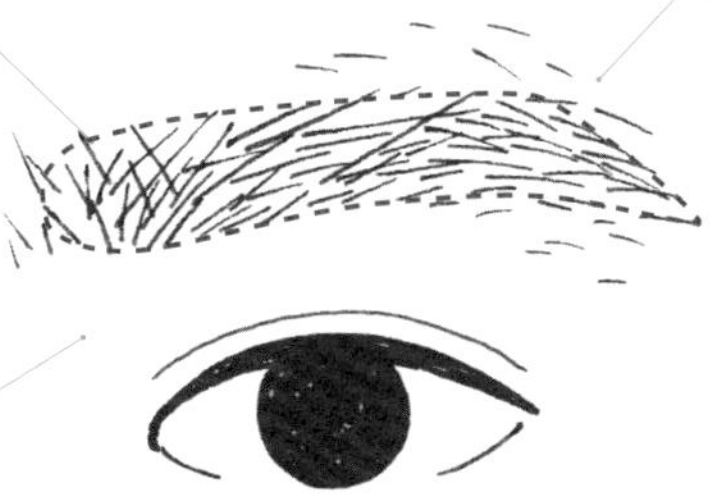
アウトラインがきれいに出ている
眉山にはっきりと角があり眉尻が下がりすぎていない
周囲に余分な毛が生えていない

17ページで紹介した歯間ブラシを使う方法で、事前に毛流れを整えておく。境界の外にある産毛をシェーバーでカット。特に眉尻下のムダ毛は、目元全体が下がって老けて見える原因になるのでお手入れを。

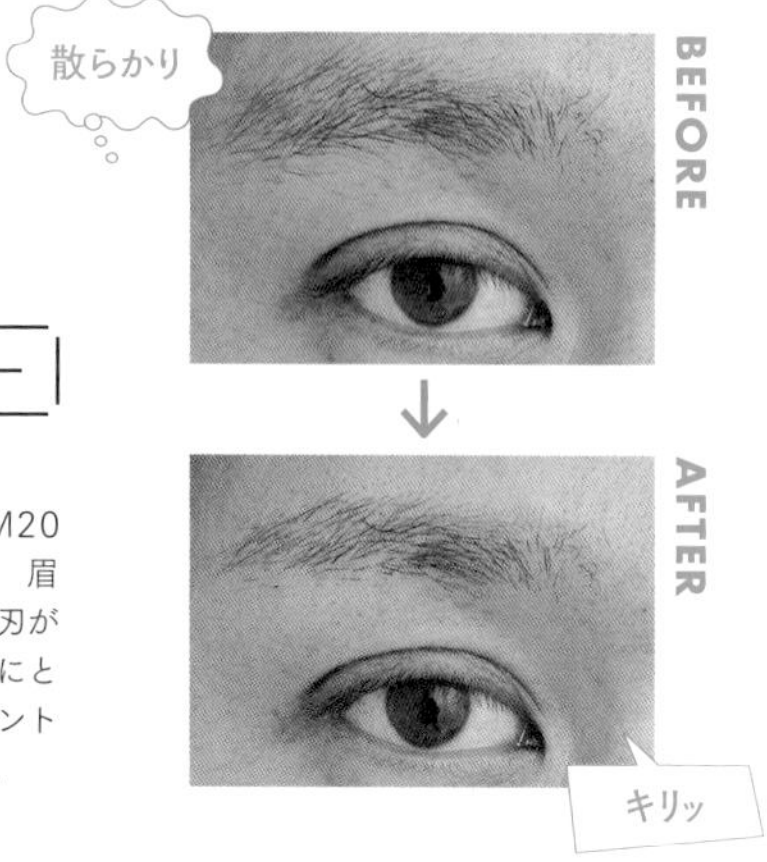
散らかり
BEFORE
AFTER
キリッ

おすすめ眉シェーバー

マユシェーバーキット ER-GM20 オープン価格／パナソニック　眉のきわも整えやすい幅の狭い刃が特徴。眉の長さをそろえる際にとりつけるコームのアタッチメントは、4段階から長さを選べる。

003

眉の「黄金バランス」を把握すれば手入れに失敗しなくなる

顔には、絶対的に美しく見える「黄金バランス」があります。眉の「黄金バランス」で見るのは、眉頭・眉山・眉尻の3点の位置。眉頭は目頭の上〜やや内側。眉山は黒目のやや外側。眉尻は小鼻と目尻をつなげた延長線上。眉尻は長めにとると顔の余白が埋まり、小顔効果も期待できます。また、眉頭は青々しくなりやすいため、剃る・抜くなどの手入れをしすぎないのが賢明。眉の手入れに慣れておらず、どこをどう整えるかわからない人も、これを基準にすれば不自然な仕上がりは回避できます。

注意したいのは、眉の手入れをするときに、眉だけを見て全体を見ないこと。顔全体が見える位置まで鏡から離れ、「黄金バランス」になっているかどうかを確認しましょう。

眉頭

目頭の上〜やや内側。眉頭と目頭の間に影があると男らしいので、眉頭の毛は減らさない

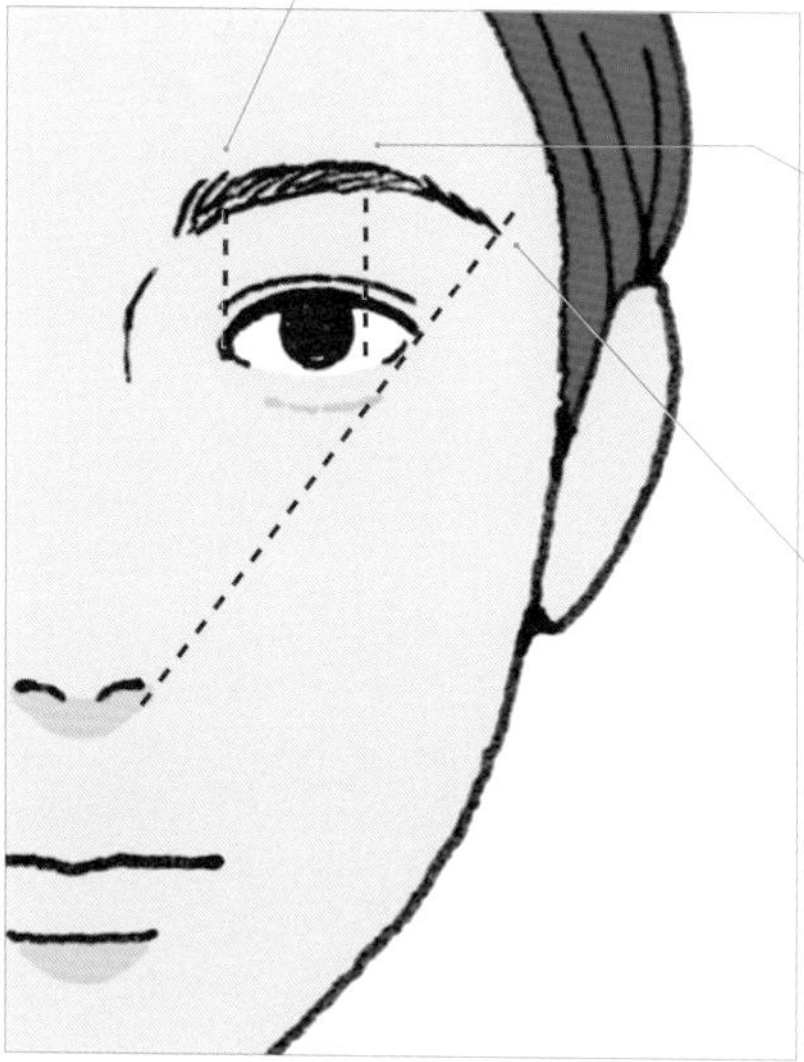

眉山

正面を向いたときの黒目の外側から真上に線を伸ばした位置〜やや外側

眉尻

小鼻と目尻の延長線上〜やや外。眉尻はやや長めが小顔に見え、トレンドでもあるので、短くしすぎに注意

CHECK

- ☑ 眉頭はいじりすぎない
- ☑ 眉山は黒目の上〜やや外
- ☑ 眉尻はやや長めが今どき

004

眉の「アホ毛」は老ける意外な要因

眉からぴょんと飛び出す長い「アホ毛」は、老化のサイン。毛が育ち、抜け落ちるまでの「毛周期」が加齢とともに乱れてくるために、1本だけ長い毛が発生する、というメカニズムです。おじいさんの眉に長い毛が見られるのはそのため。

髪の分け目にぴょんぴょんと散らかる「アホ毛」があると清潔感が半減しますが、眉の「アホ毛」はそれ以上に印象をダウンさせる原因になります。身だしなみに気を配っていないというイメージに加え、おじいさん感も出てしまう。特に眉は人の目に留まりやすいので、「アホ毛」1本がもたらすインパクトはばかになりません。シェーバーで長さをそろえるなどして、老けて見える眉の「アホ毛」はしっかり処理を。

005

〝両さん〟のような濃い眉はカットでなく「間引き」する

濃すぎる眉の毛量を調整しようと短くカットしたら、ジョリジョリ感がかえって目立ってしまう。濃い眉は男らしさの象徴なのに、適切な手入れができず、そんなもったいない状態になっている濃い眉メンズは少なくありません。そんな方は、眉の「間引き」のテクニックを試してください。

歯間ブラシを眉の毛流れに逆らって入れます。ブラシからはみ出ている毛に、眉バサミの先を縦に入れてカットし、毛量を減らして。この方法なら、毛の長さがバラバラになるので、不自然にならずにおさまるのです。

これだけでは毛流れのコントロールが難しい剛毛は、ヘア用クリームを少量つけて毛束をまとめて間引きするという方法もあります。

006

「眉の薄毛」は美容液・眉ティント・繊維入りマスカラで補える

眉が薄いと、特に男性は顔がぼやけて見えます。若いころは眉が濃かった人でも、加齢でまばらになってくる場合も。16～19ページでお伝えしたように、毛流れを整え、眉と肌の境界線を引くことでだいぶ眉の存在感は出てきますが、さらにコスメを使えば、濃さや立体感もプラスすることが可能に。

毛が細い人は、ハリ・コシを与えてくれる眉毛用の美容液でケアしたり、こまかい繊維の入ったまつ毛用のマスカラをつけたりし、濃く太く見せる。全体的に毛の密度が低い人、昔抜きすぎて生えてこない部分がある人は、眉を描くか、地肌に着色できて1日～数日落ちない「眉ティント」を試してみるといいでしょう。便利なコスメがどんどん増えています。女性だけに独占させておく手はありません。

眉ティントで数日キープ

フジコ眉ティントSVR 01 1,408円／かならぼ　好みの形に塗り、乾燥してからはがすと地肌に色がつき約3日間消えない。眉を描いても汗ですぐとれるという人におすすめ。

眉美容液でハリを出す

グランフィクサー アイズワイズクリエイター 1,980円／ラフラ・ジャパン　ダイヤモンドシルクやEGFなどの美容液成分をぜいたくに配合。いきいきした眉毛やまつ毛へとケアする。

PROCESS

繊維入りマスカラでボリューム出し

ブラシについた液をボトルの口でよくしごき、一度毛並みに逆らってつけてから、毛並みどおりに整える。

デジャヴュ ファイバーウィッグ ウルトラロング ブラック 1,650円／イミュ　元の毛に繊維をつなげながらフィルム液でコーティング。まつ毛用ですが、眉の増毛メイクにも。

007

髪を染めているのに眉は黒。この組み合わせがオジサン

本来、髪を染めている＝美容への意識があるということ。しかしそれに対し、黒いままの眉＝手つかずなパーツが顔の中心にあると、ちぐはぐな印象が生じ、イケてないオジサンというイメージに。

ミスマッチな組み合わせを即座に解消するのが「眉マスカラ」。ブラシで眉をとかすと、毛一本一本が色のついた液でコーティングされ、簡単に眉色を変えられるアイテムです。黒々とした眉をトーンアップし、カラーリングした髪になじませてください。ただし、女性ほど明るくすると、特にビジネスシーンでは浮いて見えがちなので、男性には「オリーブブラウン」をおすすめします。アッシュ系ともいわれるグリーンがかった茶色で、日本人の瞳の色と相性がよく、髪にも顔にも自然になじみます。

オリーブブラウンの眉マスカラで髪と自然になじむ色にする

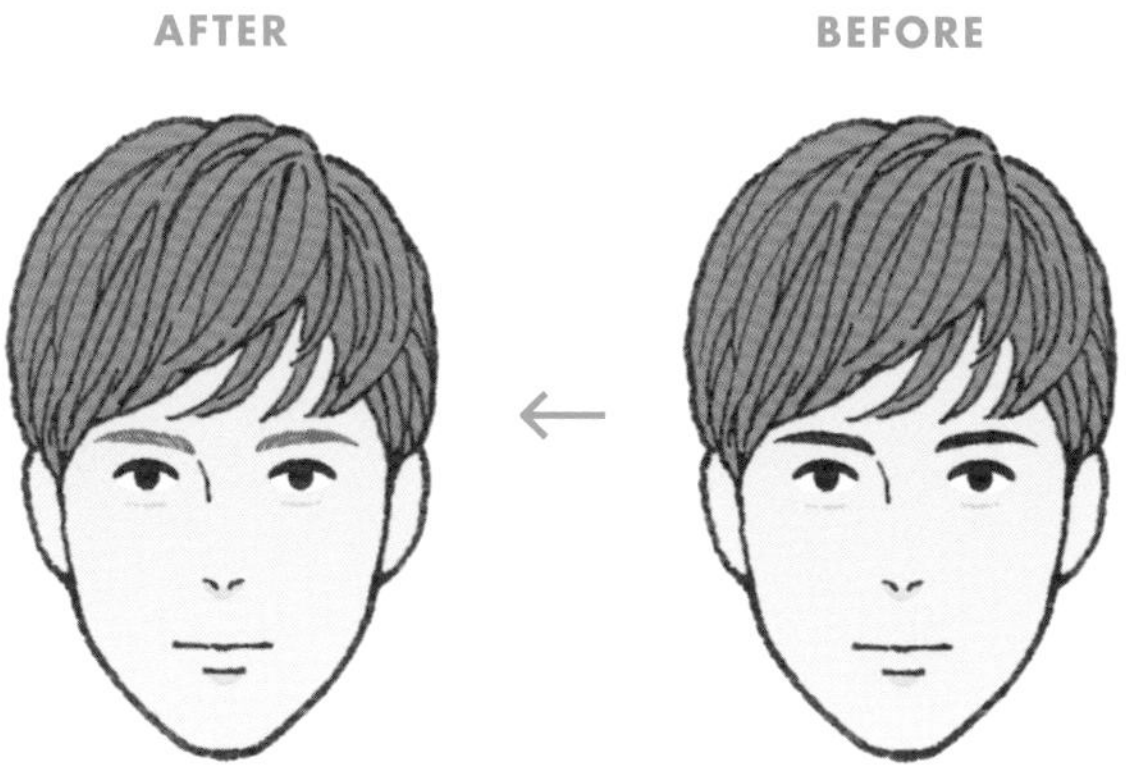

ヘビーローテーション カラーリングアイブロウ 08 880円／KISSME（伊勢半） 明るすぎない茶髪や黒髪の人に使いやすい色。少し明るくするだけでイケ眉に。

008

足りない「目力」「顔のホリ」は「眉根シャドウ」ですぐつくれる

男性らしい力強い目元になるかどうかは、眉頭と目頭の距離がカギ。ここが近いとキリッとしたカッコよさが出、離れているとぼんやり老けた印象に。眉頭と目頭を近づけてイケメンな目元を実現するテクニックが、「眉根シャドウ」です。眉頭の下から鼻筋の脇のくぼみに影をつけるという方法。この部分に陰影がつくと、眉頭と目頭の距離が縮まって、ホリが深く男らしい強い目元に見えるのです。

この陰影づくりに使うのが「眉パウダー」。眉メイク用の落ちにくいパウダーで、ブラシでさっとのせると自然な眉が描けるアイテムです。目元の印象が寂しいと感じているメンズは、パートナーの眉パウダーを借りて「眉根シャドウ」を入れてみてください。その変化の大きさに驚くはずです。

眉頭の下に三角形の影を仕込む

AFTER

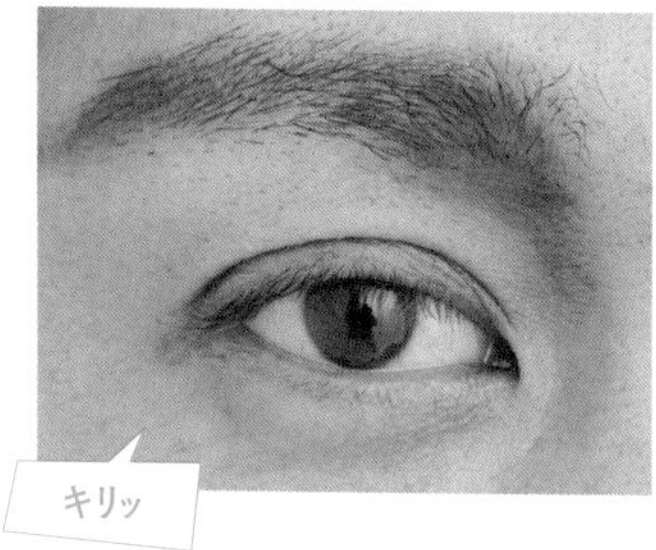

←

BEFORE

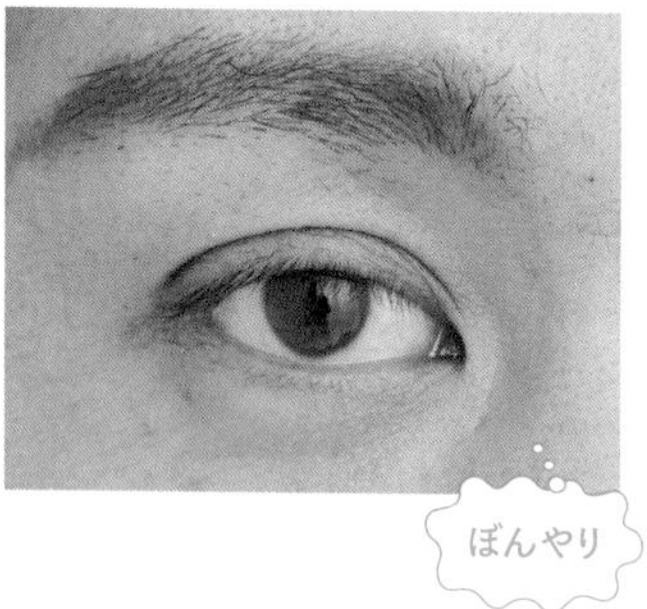

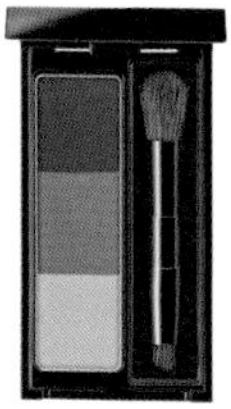

ケイト　デザイニングアイブロウ3D　EX-7 1,210円（編集部調べ）／カネボウ化粧品　自然な陰影がつくれ、男性の眉毛にも適したオリーブ系の色。

PROCESS

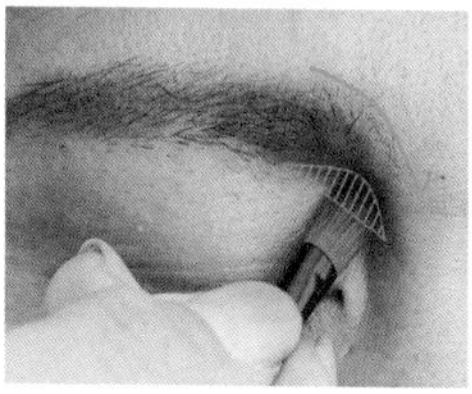

使ったのは左の眉パウダーのいちばん濃い色。眉頭下に小さな二等辺三角形を描くように色をのせる。最後に指でぼかしてなじませる。

009

眉を描いて顔をデザインし直す

自分の眉毛を整えて「おっ！ ちょっとイケメンぽくなった」と思ったら、それはもっとカッコよくなれるサイン。もう一段イケメン度を高めるために、眉を描いてみましょう。

眉を描くときは、ブラシで色をのせる「眉パウダー」、もしくは自毛を足すように線を描ける「眉ペンシル」を使います。まず、眉の天地の中央に「芯」を描き、眉尻を細く濃く長めに描き、28ページの眉根シャドウも足してみましょう。ブラシで軽くとかせば、「いかにも描きました感」が出ません。

全体のバランスは21ページを参考に。細い、短い、角度がつきすぎているなど、眉の形の悩みを一気にリカバーし、顔をデザインし直すことが可能です。

眉を描いて理想の長さと濃さに仕上げる

AFTER

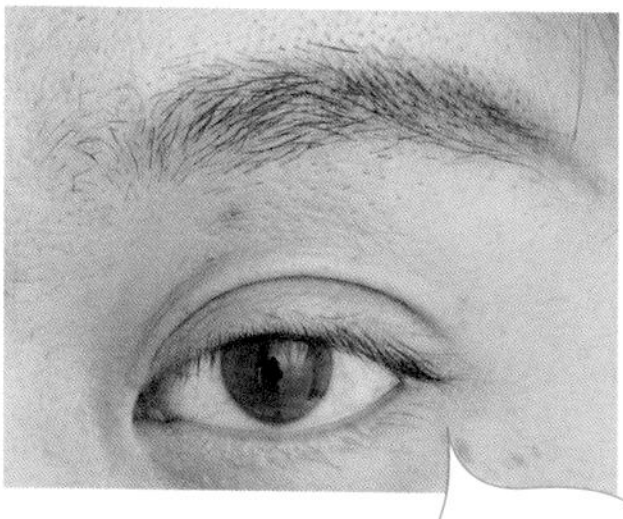

BEFORE

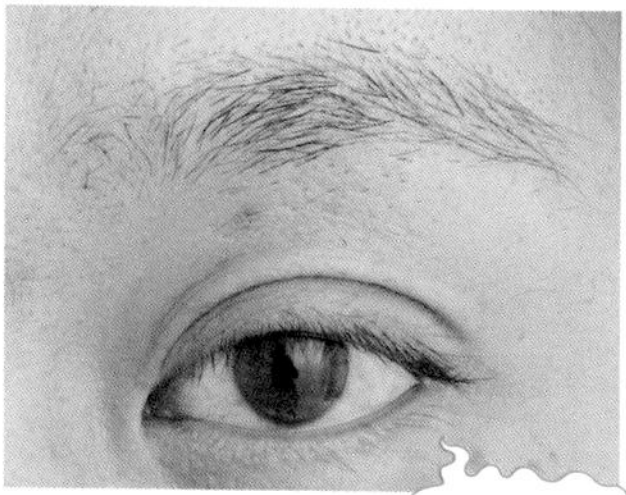

これもおすすめ

ミスター ビアード&アイブロー ペンシル 全2色 2,200円／オルビス　細くも太くも描けるなぎなた型の芯。にじみにくいウォータープルーフ。ぼかしやすいスクリューブラシつき。

PROCESS

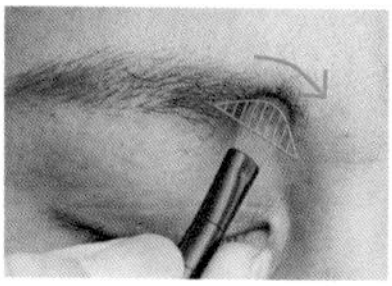

2

眉頭はくっきりしすぎると不自然なので、鼻筋に向かってぼかし「眉根シャドウ」に。

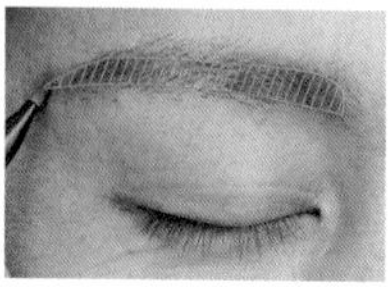

1

眉の天地の中央をなぞって芯をつくる。薄い人は眉全体に色をのせる、薄い部分だけに芯を描いてぼかすなど。

010

「難あり眉」の整え方

眉の形に左右差がある、濃すぎたり薄すぎたりしてうまく手入れできない、そう思うメンズこそ、まずは、16〜21ページを参考に、もともとある眉の毛流れを生かしつつ整えてみて。毛流れを整え、ムダ毛を処理するだけでも、顔の印象がかなり変わるはず。

それでも整わないと感じたら、眉メイクを。左右の形が違う、位置が違う場合は、顔全体を見ながらイケてるほうの眉に合わせて眉を描く。濃すぎる場合は毛をすいてから足りない部分をメイクで足して。眉マスカラでトーンアップして存在感をやわらげても。薄い・細いなら、まず芯を描いてから、放射状にぼかすと濃さや太さが自然に出せます。

眉メイクが落ちやすい人は、描いた眉に「眉コート」を重ねてキープして。

左右差がある

PROCESS

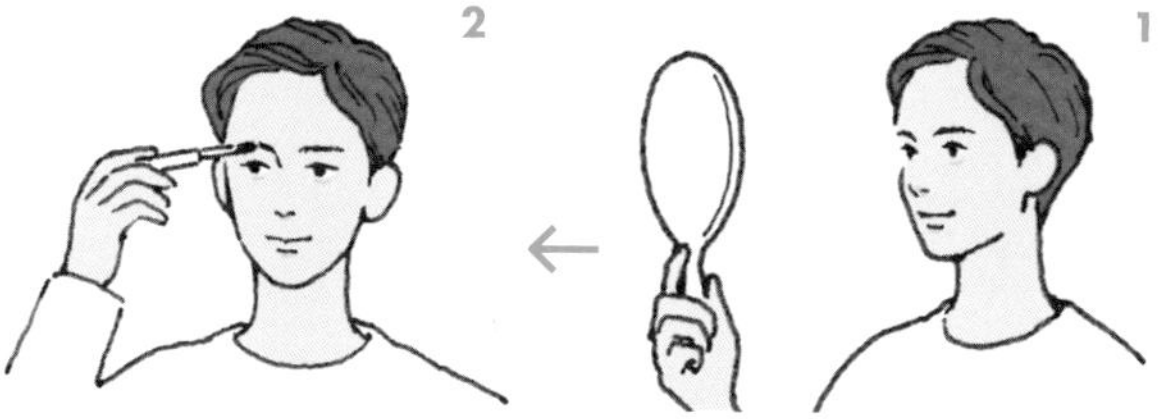

顔全体が映るまで鏡を引き、左右のどちらがより理想的か判断し、ベターなほうの眉毛を先に整える。その後、反対側を合わせて。

薄い・細い

眉の中心に、眉パウダーで芯となる線を描く。その線をブラシで放射状にぼかし広げる。ぼかす際に乱れた毛流れを整えて、眉の立体感をプラスする。

濃すぎる

歯間ブラシか眉コームを眉に入れ、はみ出る毛に、ハサミを縦に入れる。全部の毛を同じ長さにそろえないようにするのがコツ。足りない部分は眉パウダーで描き足して。

011

似合う眉が知りたければ「眉サロン」に頼るのが正解

自分ではうまく整えられない、似合っているかわからないという人は「眉サロン」に行きましょう。その人のイメージや骨格に合わせて、プロが似合う眉の形を提案し、薄毛や生えグセなど眉の特徴を考慮しながらきれいに整えてくれる専門店です。

女性ばかりの場所に、男が行っていいのか……と躊躇《ちゅうちょ》する必要はありません。男性は理容室、女性は美容室という概念がとり払われ、美容室に男性も通うようになったように、「眉サロン」を利用する男性が今増えています。美容院に併設されていたり、男性専門のサロンもできたりしたことで、ハードルはかなり低くなっています。加齢とともに眉の悩みが増えてくるため、大人の男性こそ利用するメリットは大きいはず。

MEN'S
LOGICAL
BEAUTY

PART 2

髪

HAIR

PART 2

薄毛・顔の悩みも「髪のスタイリング」でカバー可能

顔の額縁ともいわれ、面積も大きい髪は、眉とともにメンズの見た目印象を左右する重要な要素。であることはわかっていても、髪質や加齢による薄毛もあって、なかなか髪型がキマらない、という男性も多いのでは。

しかし、おまかせください。私は長年、アーティストの方々のライブでのヘア&メイクも担当してきました。ライブ現場というのは、汗はかくし、動きも激しい、風にも吹かれ、観客の熱気とともに会場の湿度も高くなる、ヘアスタイルのキープという観点では、かなり過酷な環境です。そのなかで、くずれにくい、多少くずれてもカッコいい、乱れてもすぐ元に戻る、そして女子たちがキャーッと声を上げずにいられない色気まで漂わせる、そんなスタイリング方法を追求してきました。この経験から編み出した荒木式のスタイリング術を、一般の方でも試しやすい形でご紹介します。

また、私はアーティストのヘアカットやヘアケアも長年担当してきました。どこから見ても美しい「卵形」の頭部をつくり、スタイリングもしやすい荒木式の「盆栽カット」のハウツーや、さらに、イケメンたちの髪を、ずっと美しく保ち続けてきたヘアケア術も、特別に公開いたします。

012

「卵形の頭部」を目指せば髪型で失敗しなくなる

イケてる髪型にしたいなら髪型と顔型のトータルで「卵形の頭部」に整えることが重要。なぜなら、「卵形」の頭部が、立体感があり、小顔効果も出る、もっともイケメンに見えるシルエットだから。この理想形と現状の自分の頭部の形とのギャップを埋める作業が、ヘアカットとヘアスタイリングですべきことなのです。理想形がわかってさえいれば、薄毛やハチをカバーしようとして、より目立たせてしまう失敗はなくなります。

まず頭部全体を「引き」で見てください。卵形にするには、どこのボリュームが足りず、どこが多すぎるか確認を。写真を撮ってチェックしてもいいでしょう。正面だけでなく横や斜めもお忘れなく。

理想は卵形

頭頂部に高さを出し、サイドは広がりすぎない。後頭部は丸く、えり足にはくびれができる。360度どこから見てもきれいな卵形。

薄毛

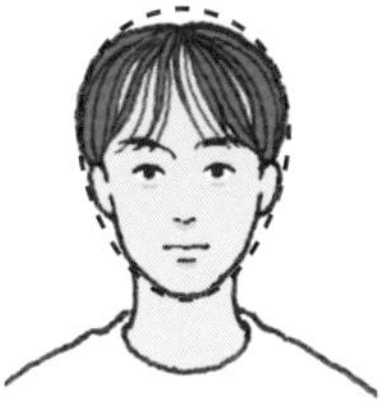

薄くなった部分はほかの部分の髪でおおい隠すのではなく、その部分の残っている毛をふわっとしっかり立たせることでボリュームを出すよう工夫を。方法は次のページから。

ゼッペキ

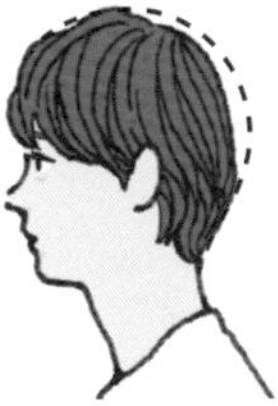

えり足はピタッとおさえ、つむじ周りの毛を立たせるスタイリングを。トップから後頭部に丸いふくらみができ、えり足との凹凸の差がつくれるので、シルエットを改善できる。

ハチ張り

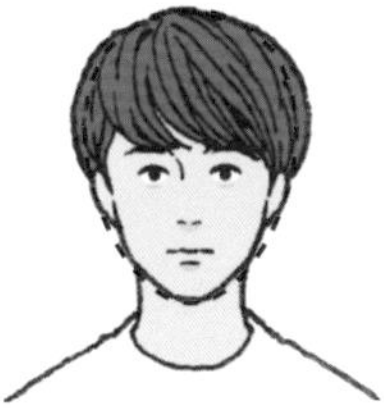

年齢を重ねると、ハチが張ってくる人が増えます。軽めのモヒカンのイメージで、ハチの毛量をおさえつつ、トップの毛を立てるスタイリングで、顔の印象がすっきりする。

013

自身の「毛流れ」を把握すれば薄毛もカバーできる

ボリュームをコントロールするために必要なのは、「毛流れ」を利用すること。ボリュームを出したければ毛流れに逆らって毛を立たせればいい。ボリュームをおさえたければ、毛流れに沿って髪をねかせるようにスタイリングすればいい。それさえ知っていれば、男性最大の悩みである「薄毛」もカバー可能なのです。

まずスマホで前後左右からご自身の頭部の写真を撮り、毛がどの方向に生えているか見てみましょう。髪の毛をクリップなどで持ち上げて撮影を。

ハチの毛が下向きに生えているなら、下向きになでつければハチが縮小。トップの薄さが気になるなら、毛流れと逆に流してスプレーで固定すれば、ボリュームが出せます。実に簡単な原理です。

毛流れのチェック法

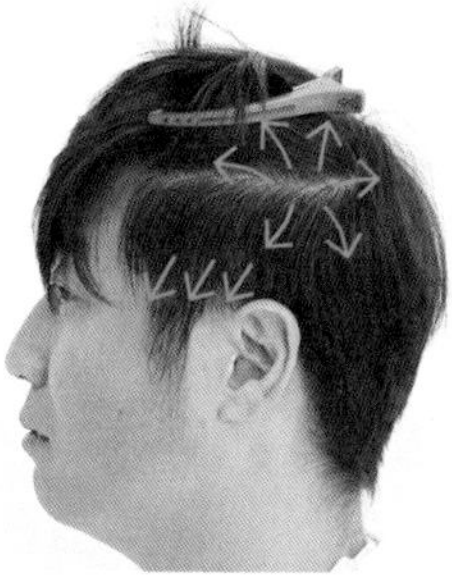

ハチ〜サイド

ハチが張っている人は、ハチ周りは放射状に生えていることが多く、耳上あたりの毛は、下向きではなく、前方or後方に流れていることが多い。

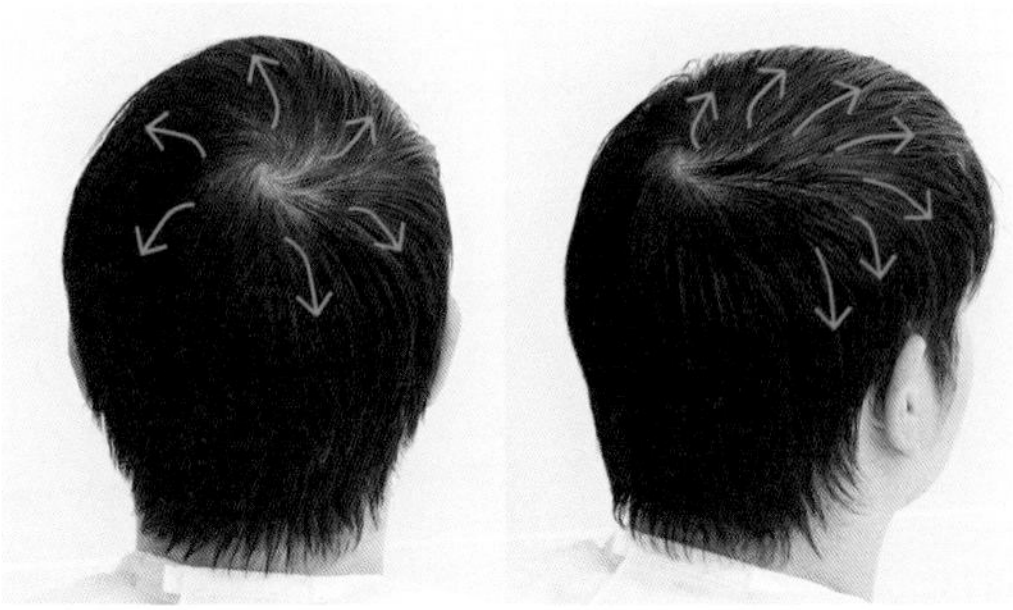

つむじ

トップを盛るのに大事なポイントのつむじ。前に流れていたり、下向きになったりしている場合も。毛流れに逆らって、根元を起こすようにスタイリングすればボリュームアップ。

\ ボリュームをおさえたいところは /

毛流れに沿ってつぶす

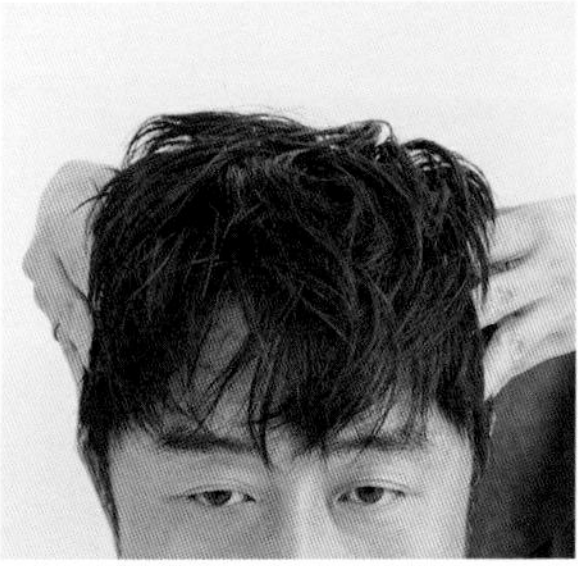

洗髪後、髪を乾かす際に毛流れと同じ方向にドライヤーをあててつぶしておく。スタイリング剤も毛流れに沿ってつぶしながらつけると毛根がねてボリュームをおさえられる。

＼ ボリュームを出すべきところは ／

毛流れに逆らって盛る

根元や内側に逆毛を立てる

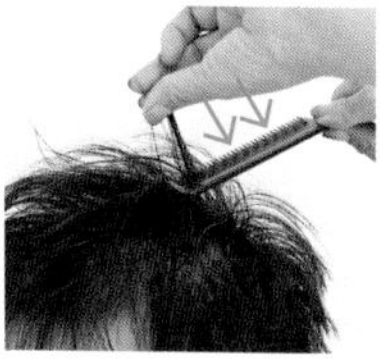

気になる部分の髪をとり、毛先を引っぱる。その状態で、毛束の中間から根元に向かってクシでとかして逆毛を立てる。

こめかみは、つまんだ毛束を前方に引っぱり逆毛を立てる。逆毛のおかげで根元の密度も上がり、気になる部分の根元が濃く見える。

キープスプレーで固定する

毛が細くてブローだけではキープ力が乏しい場合は、スプレーを使用。まず、根元を立てた状態でキープスプレーを吹きかける。

その後に、根元を毛流れと逆方向に引っぱり上げながら、ドライヤーの冷風でしっかり乾かすと、根元を立ち上げるパワーがアップ！

ドライヤーで根元を立たせる

髪がぬれた状態で、毛流れと逆に髪を倒し、根元にドライヤーを温風→冷風の順であてる。根元が立った状態に。

立たせた毛を毛流れに沿ってふわっと戻し、薄毛が気になる部分や、ボリュームがほしい場所にかぶせる。

014

マイナスイオンドライヤーは ボリューム出しには 向かない

薄毛が気になる男性のみなさん、ドライヤーを女性と共用にするのはやめましょう。今の市販のドライヤーはほぼ100％マイナスイオンドライヤー。女性には髪がしっとりまとまりやすいと人気ですが、裏を返せばボリュームが出にくいということ。マイナスイオンが付着するとうるおいを感じる半面、髪が重く、ぺたんこになってしまうのです。立ち上がるパワーが減少した薄毛、細毛の男性には向きません。

ボリュームが気になる男性は、マイナスイオンのオン／オフの切り替えスイッチのあるドライヤーを、ご自身用に購入することをおすすめします。私もメンズのヘアスタイリング時には、必ずマイナスイオンをオフにして使っています。

マイナスイオンをOFFできるドライヤー

Nobby マイナスイオンヘアードライヤー NB3100 18,700円／テスコム　マイナスイオンの ON・OFFがスイッチひとつで切り替えでき、プロ仕様の1500Wのハイパワーでメンズの短い髪なら瞬時に乾かせる。サロン専売品。

イオンバランスドライヤー KHD-9940 K オープン価格／小泉成器　市販のドライヤーのなかでは、かなり風量強めの 1300W。風量も温度もこまかく調節できるので、髪を乾かすだけでなく、スタイリングにも使いやすい。

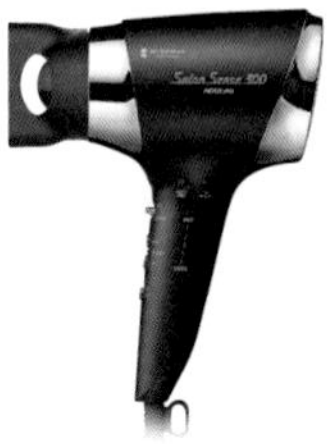

015

90%の男性は「ワックスのつけ方」を間違っている

ヘアワックスをつけるとき、どんなふうにつけますか？　たいていの男性は、髪の表面からくしゃくしゃっともみ込んでいるのではないでしょうか。実はそれは間違ったつけ方！　なぜなら、髪の表面や、毛の中間から毛先にばかりワックスがつき、その重さに耐えきれず毛根がクタッとねてしまうから。時間とともに必ずぺたんとくずれてきます。

正解は、指先にだけワックスをとり、地肌に近い根元にしっかりつけること。トップはモヒカンをつくるイメージで、根元を持ち上げながらつけると◎。

表面や前髪は、指に残ったワックスで毛先をまとめたり動かしたりするだけに。これなら、重さで根元がねることなく長時間キープ可能。ハチは根元の毛流れに沿ってワックスをつけ、しっかりつぶして。

意外と知らないワックスの正しいつけ方

PROCESS

1

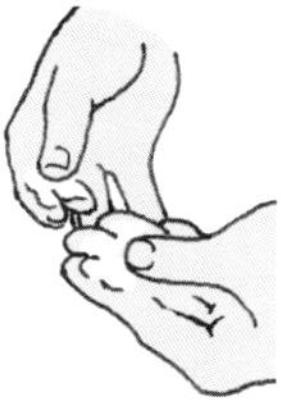

指先でワックスを少量とる。それをすべての指先にのばしてなじませる。のばす範囲は第一関節までにする。

2

髪の内側から手を通す。地肌に近い位置で手を動かし、ハチはねかせ、トップは根元を起こす。

3

表面の髪の毛先をつまんで動きをつける。ワックスはつけ足さず、指先に余った分だけを使用。

4

ワックスの量がかなり少ない状態の指先で前髪を整える。重さでぺたんとしやすいので、前髪は最後にする。

CHECK

- ☑ 使用量は極力少なめ（1円玉サイズ）
- ☑ 髪の表面にワックスをつけない
- ☑ 根元→毛先→前髪の順でつける

016

撮影・ライブのヘアセットで使っているワックス

髪や頭皮を気づかう人向き バームタイプ

髪を固めるようなセット力はないかわり、うるおいを与えながらニュアンスづけが可能。このタイプは、オーガニックのものも多い。

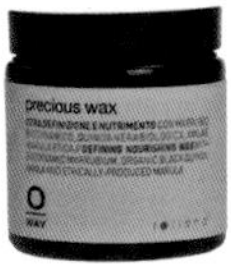

OWAY プレシャス・ワックス 100ml 3,960円／arromic オーガニックな植物由来のワックス。髪に栄養を与えながら、ツヤ出しや束感づくりが可能。

髪型・毛質を問わない 万能なクリームタイプ

適度なセット力とツヤ感があり、オールマイティーな髪型のスタイリングに対応。テクスチャーもやわらかめで、初心者も扱いやすい。

ギャツビー ムービングラバー ルーズシャッフル 80g 880円／マンダム アレンジ記憶成分が配合されていて、くずれても再セットしやすいのが特徴。

カチッと動かない毛をつくる
ジェルタイプ

髪型のキープ力はダントツ！　サイドの毛をおさえる、分け目の立ち上がりを固定するなど、ビチッと決める部分に使うのがおすすめ。

ミニーレ ウイウイ デザインジャム 10 80g 1,430円／ホーユー　ベタベタ感が少なく、かたさもあるので、しっかりおさえるセットに最適。サロン専売品。

手軽に理想の形をつくりやすい
ファイバータイプ

繊維を含み、糸を引くようにのびる性質が特徴。髪になじみやすく、スタイリングの調整がしやすい。毛質は普通～かたい毛向き。

ナカノ スタイリング タント ワックス 4 90g 1,321円（編集部調べ）／中野製薬　繊維感が強すぎないので扱いやすい。ツヤ感も自然でTPOを問わず使える。

017

細毛・薄毛は内側に「ケープ」を仕込む

薄くなり散らかりだした髪には、ワックスではなく「ケープ」を使え！　これは、私が声を大にして全男性に伝えたいことです。

細くなってきた大人の髪は、ワックスの重さに耐えられません。こまめに直しても、すぐ毛がねてしまいます。それに対して、「ケープ」などの髪型を固定するためのキープスプレーは、質量が非常に軽く、固定力も強い。スプレーの力だけでセットすれば、毛がヘタる心配は格段に減ります。

つける場所は髪の根元。この原理はワックスといっしょです。根元をしっかりホールドすることが、髪を立ち上げるための基本中の基本。ふんわりしっかり立ち上がったボリュームのある髪型づくりには、スプレーがマストです。

キープスプレーでボリューム増し

PROCESS

1

髪を持って立ち上げながら、根元に向かってキープスプレーを振りかける。髪の表面側でなく、内側からスプレーするとガチガチに固めたように見えず、キープ力も高い。

2

前髪は少し浮かせた状態で、内側からヘアスプレーをかける。こうすると、前髪がふんわり立ち、前髪が額にはりつきペタついて貧相に見えるのも防げる。

OWAY スカルプティング・ミスト 240ml 4,070円／arromic
ノンガスでホールドするオーガニックのミストスプレー。水溶性で簡単に洗い流すことができる。

ケープ ナチュラル＆キープ 無香料 180g オープン価格／花王
バリバリには固めず、やわらかいニュアンスを生かしながら自然な感じにスタイリングをキープするタイプ。

018

ぺたんこになりがちな髪には「ドライシャンプー」を仕込んでおく

日中に髪がぺたんこになる大きな原因は、頭皮から出る皮脂。女性より男性のほうが頭皮の皮脂分泌が多く、においのもとにもなりがち。

皮脂が多めで、夕方に髪がべたとしがちな男性におすすめしたいのが、ドライシャンプー。シャンプーという名前ですが、実は余分な皮脂を吸着するヘアケア剤で、頭を洗わなくてもすっきりとした頭皮を保つことができる、というアイテムです。これを朝、髪の根元にもみ込んでおくと、髪のボリュームが維持できるのです。忙しすぎて徹夜で現場に来たアーティストの方々のスタイリング時にも大活躍。

外出先でも使うことができ、仕事中のリフレッシュや、運動後の使用にも便利。メンズは1本持っておくと重宝すること間違いなしです！

出先でも簡単にさっぱりできる

オーガニック ドライシャンプー AN 50ml 1,210円／Beauty Sustainability ジェルタイプで場所を選ばず使える。消臭効果のある成分とアロマの香りでにおいケアも可能。

PROCESS

上のドライシャンプーを根元中心に塗布。マッサージしながら頭皮になじませたら、タオルで軽くふきとり、ドライヤーをかけるとボリュームアップ。通常のシャンプーがわりにするときは、水で洗い流すとよりすっきりします。

019

難あり髪を救う 荒木式ヘアスタイリング 1

薄毛

BEFORE

ボリュームが少なく頭頂部がつぶれがち

M字に薄くなった生えぎわを前髪でカバー

前髪がすぐに割れ寂しい印象

もともと毛が細く、やわらかいので前髪がぺたんとしやすい。つむじや生えぎわが薄くなり、髪を流してカバーしている。

SIDE

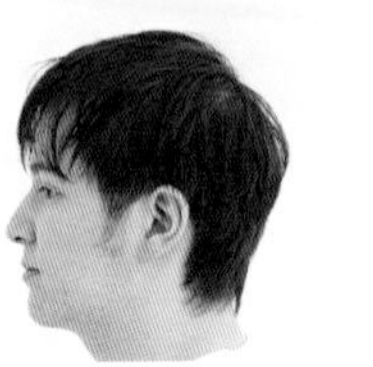

BACK

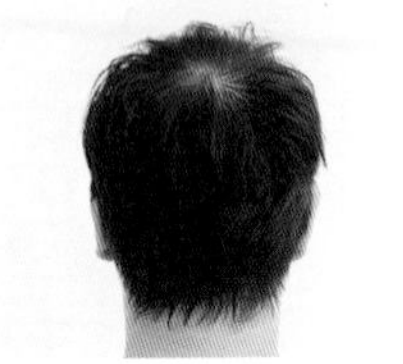

SIDE

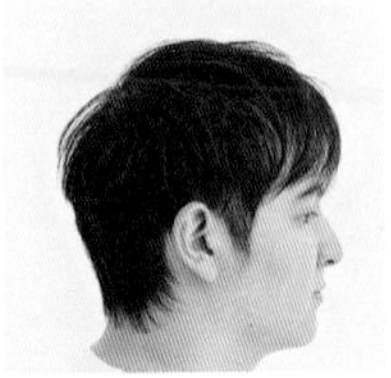

目立つこめかみとつむじの薄毛。そのため、顔型そのものは卵形に近いのに、全体を引きで見るとトップのボリュームが乏しく、顔も大きく見える。トップを縦に、こめかみ部分もふっくらするようコントロール。

AFTER

トップの毛が立ち
卵形のシルエットに
不自然だった生えぎわも
さりげなくカバー
前髪がふんわりし
毛量が増えたよう

頭頂部にボリュームが出て、立体感のある卵形の頭部に。つむじの地肌の見える面積が小さくなり、生えぎわの髪密度もアップ。

SIDE　BACK　SIDE

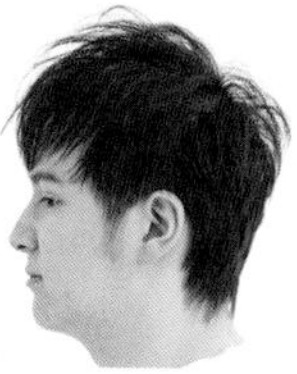

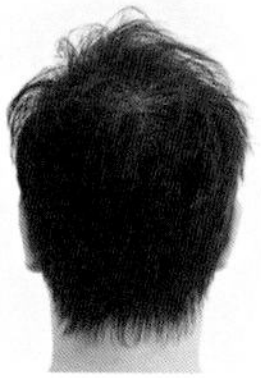

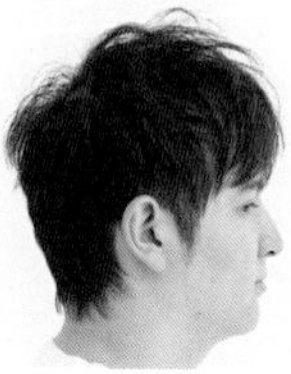

PROCESS

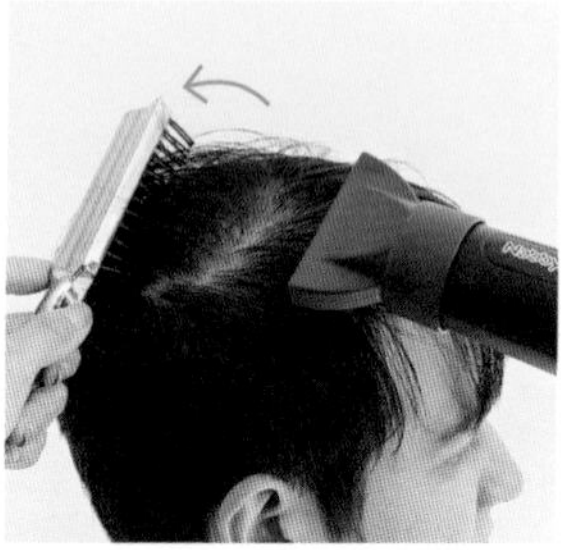

1 髪をぬらしてから、トップの髪を毛流れと逆方向にブラシで流して毛を倒し、根元にしっかりドライヤーの風をあてる。根元が立ち上がるので、毛流れどおりに戻したとき、ふわっとしたボリュームが出る。

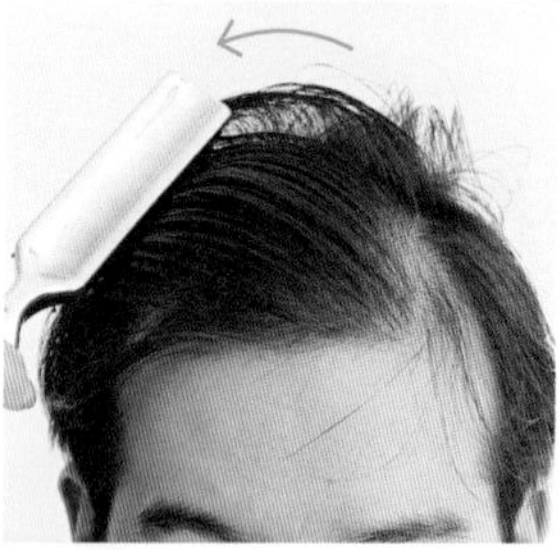

2 薄毛が目立ちやすい分け目や生えぎわは、薄い部分をまたぐようにブラシで毛を倒し、根元に温風をあててからふんわり戻す。根元が立ち上がって分け目がぱっくり割れづらくなり、薄い部分も目立たない。

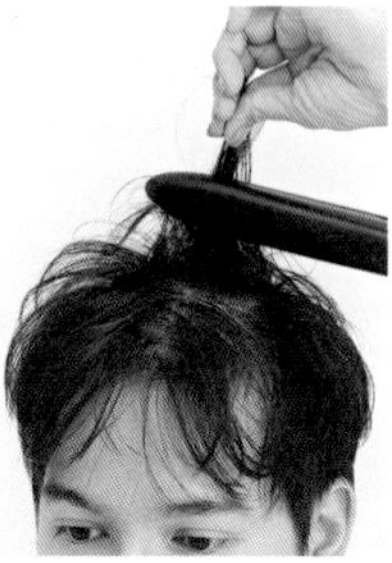

3

トップの髪はまっすぐ上に持ち上げてヘアアイロンではさみ、根元を立たせる。その後にキープスプレーを根元の内側にかけ、立ち上がりを補強する。ドライヤーで風をあててスプレーで固めたら、手で形を整える。

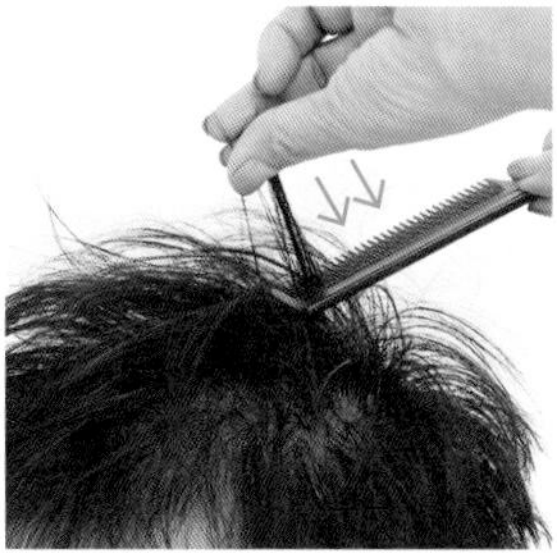

4

つむじやこめかみなど、特に薄毛が気になる部分は逆毛を立てて密度をアップさせる。髪をひとつまみし、クシで中間から根元にとかして逆毛を立てる。こめかみは前方向、つむじは上方向に毛を持っていきながらおこなう。

020

難あり髪を救う 荒木式ヘアスタイリング 2

ハチ張りマッシュ

BEFORE

縦方向の立体感が
なくやぼったい

ハチが張って
きのこヘアのよう

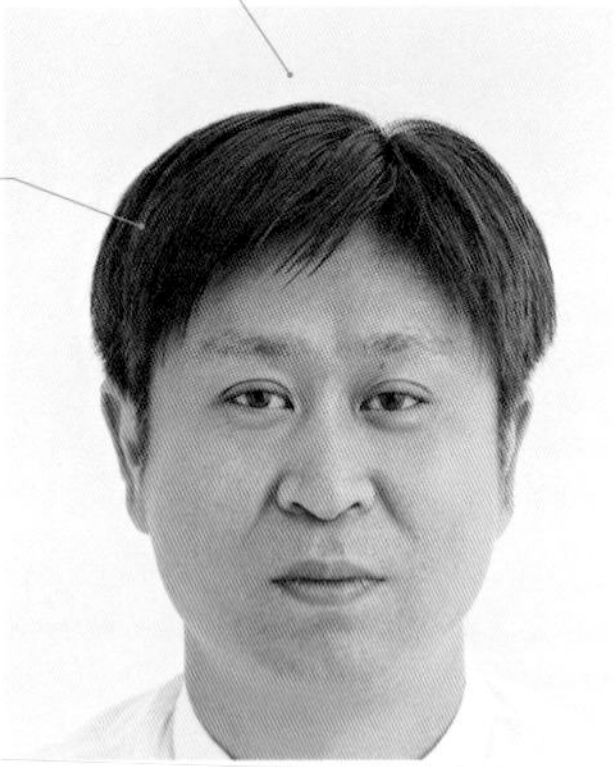

PROCESS

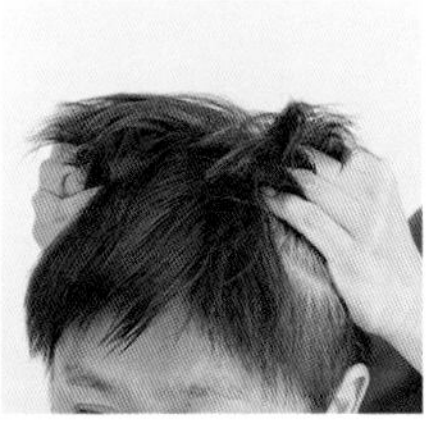

1

ワックスを指先にとり、髪の内側に手を入れ、根元になじませる。余ったワックスで耳上と浮いたえり足の毛を毛流れに沿ってなでつけ、ボリュームをしっかりつぶす。

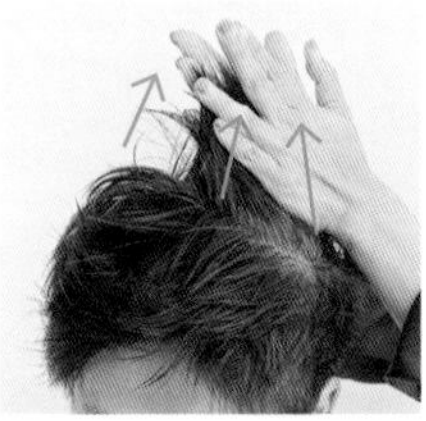

2

トップ中央の髪の根元を両手ではさみ、モヒカンのように持ち上げ、しっかり立ち上げる。このとき、手のひらを使い、毛先にはワックスがつかないようにすること。

SIDE

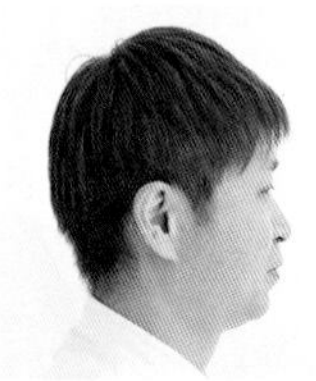

BACK

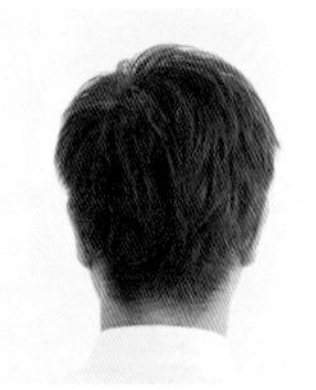

年齢を重ね、ハチが張ってきた頭をカバーするためのマッシュルームヘアでさらに頭が大きく。トップの毛を立ち上げて動きを出し、ハチ張りを卵形に整えつつおしゃれ感も演出。顔もシュッと縦長に錯覚させられる。

AFTER

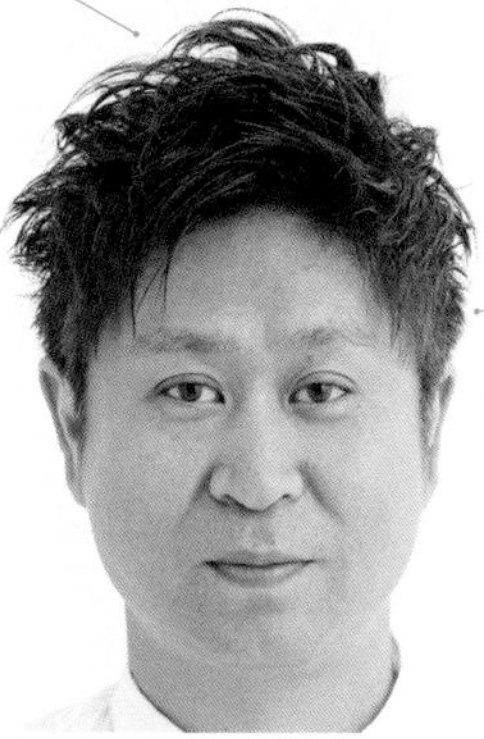
ソフトモヒカンで縦長シルエット
ハチの毛をおさえて頭をスリム化

SIDE

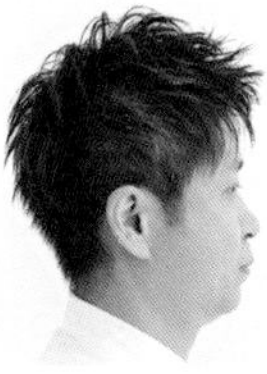

BACK

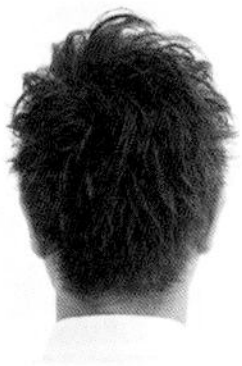

3

少しだけワックスが残った指先で少量ずつ髪をつまみ、毛先をねじって毛束をつくる。ランダムに毛束をつくりながら卵形の頭部を目指して、形を調整していく。

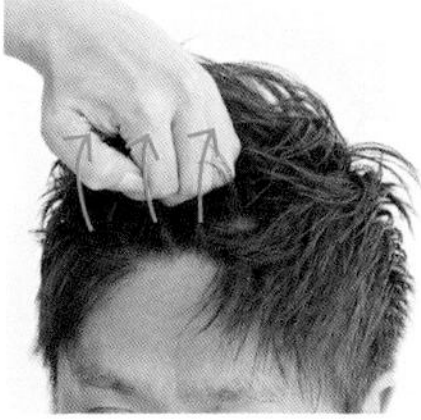

4

最後に前髪の根元をグッとつかんで、毛を立たせることで前髪の立ち上がりをセットする。このときもワックスはつけ足さず、手に余っているものだけでスタイリングを。

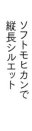

021

難あり髪を救う 荒木式ヘアスタイリング 3

ハチ張りショート

BEFORE

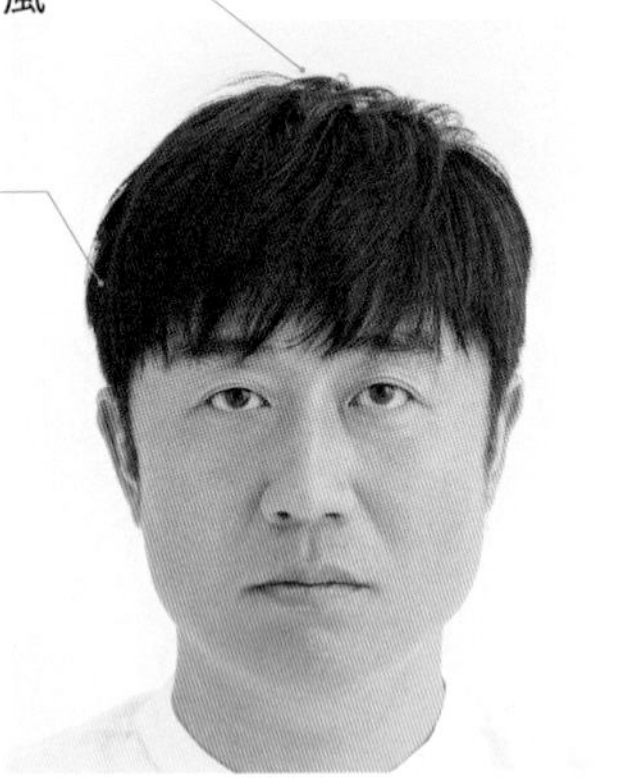

動きがなく
ヘルメット風

サイドのふくらみで
顔幅まで大きく

PROCESS

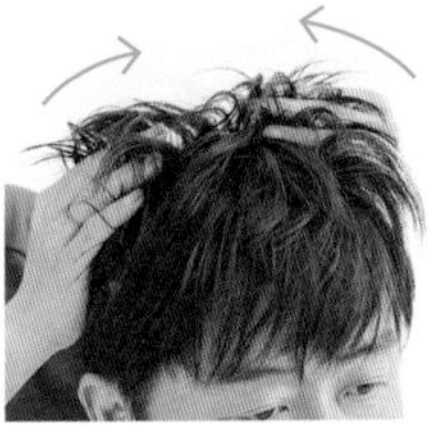

2

髪の内側から手を通し、根元をトップに集めるようにギュッと持ち上げる。根元にドライヤーで風をあて、スプレーの水分をしっかり乾かして、立たせた根元を固定。

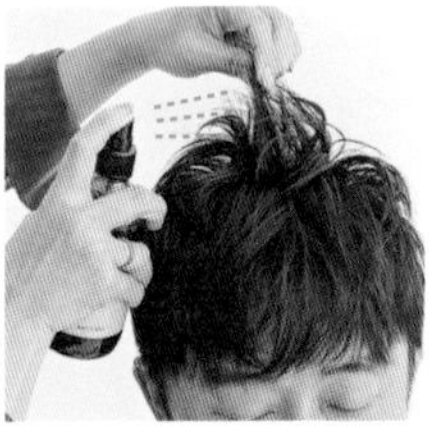

1

髪を少しずつつまみ上げながら、キープスプレーを根元にかける。頭頂部や後頭部など、ボリュームが必要な部分の髪の根元に、少しずつスプレーしていく。

SIDE

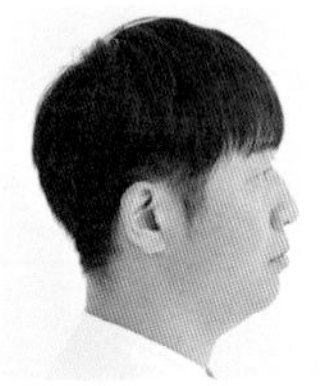

BACK

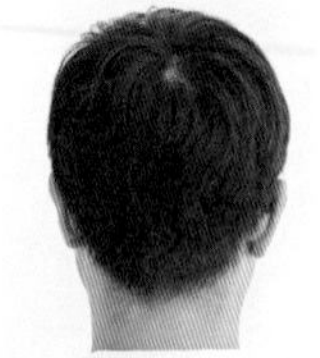

毛量がある短めヘアのメンズは、年齢とともにハチが張ってくると、頭の形がそのまま出たヘルメットのような髪型になりがち。ハチをおさえ、トップと前髪に動きのある毛束をつくり、イケメン度も高めて。

AFTER

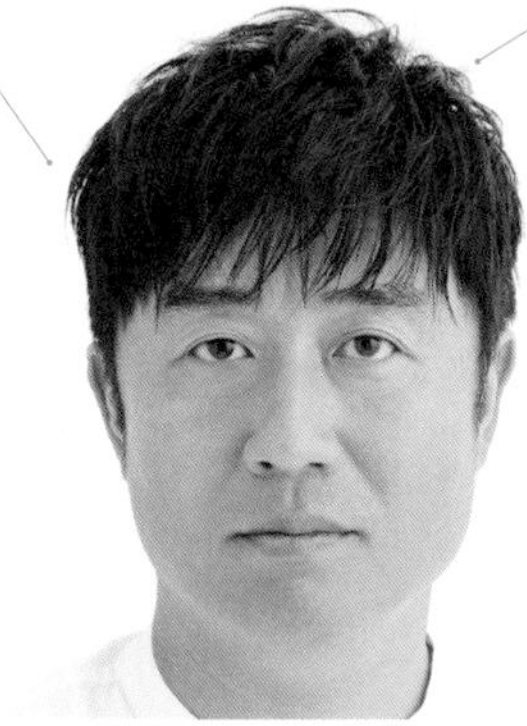
動きのある
自然な毛束感
耳上の髪をつぶし
シャープな顔立ちへ

SIDE

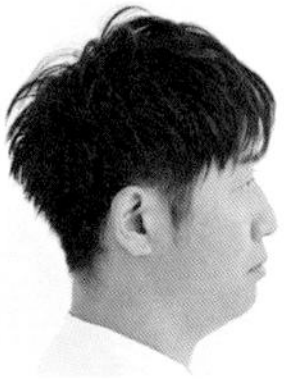

BACK

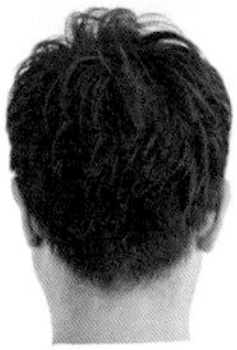

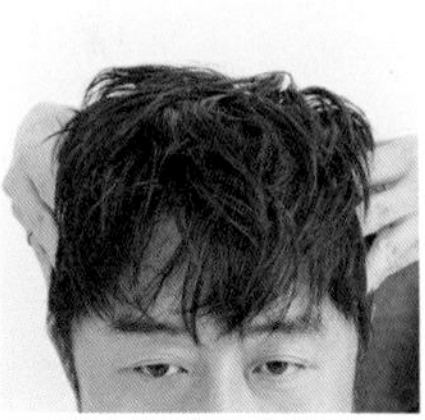

3

少量のワックスを指先になじませたら、トップの髪の根元につけて立ち上がり力を強化。耳上の髪は、ボリュームをつぶすように毛流れに沿ってなでつける。

4

トップや前髪は、毛先をつまんで軽くねじり、毛束にして動きをつける。後頭部は下から持ち上げながらワックスをつける。後頭部の上部の毛が起き、きれいな立体感が。

022

難あり髪を救う 荒木式ヘアスタイリング 4

散らかり前髪

BEFORE

つむじ周りの毛が
ぺたんとねる
細くなった
クセ毛が
散らかって
見える

SIDE

BACK

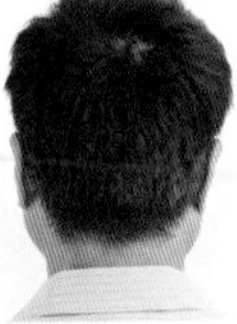

PROCESS

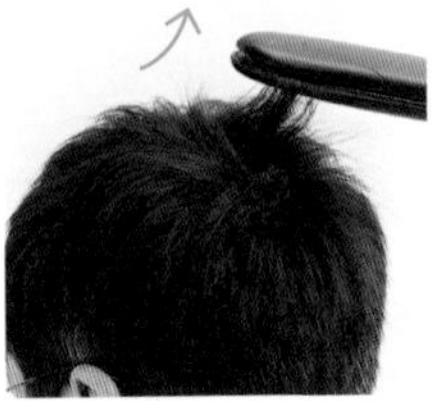

1

前髪とつむじ周りの毛は、ヘアアイロンで根元を立てる。特につむじは毛が放射状に生えているので、少しずつとり、毛流れと反対方向に引っぱりながらアイロンではさむ。

2

前髪とつむじ周りは、つまんだ毛束の中間から根元にクシを通し、逆毛を立てる。ボリュームを出し、薄毛を補う。根元にキープスプレーをかけて立ち上がりを補強。

加齢とともに毛の伸びる周期が乱れ、細くなり、長さもバラつきが出てくることが。それが頭頂部から前髪にかけて出ているタイプ。短い毛もしっかり立ち上げ、毛先が散らからないよう毛束をつくるセットで解決。

AFTER

つむじの毛が立ち
きれいな卵形の頭部に

おしゃれなすき間で
清潔感のある前髪

SIDE

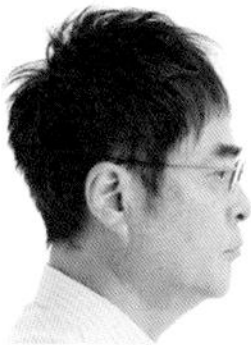

BACK

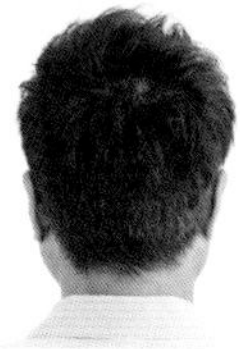

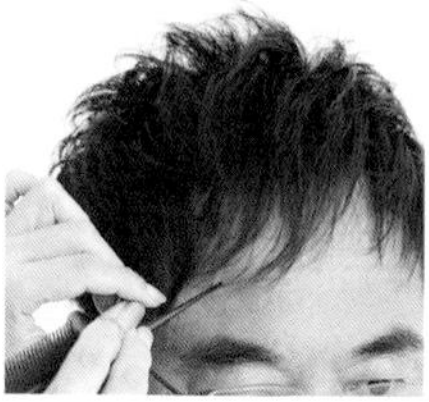

4

前髪は、毛先がバラつかないように毛束ごとにまとめつつ、毛束間のすき間をあけながら調整する。クシの柄を使って散らかりそうな毛をまとめると、うまくいく。

3

ワックスを少量つけた指で表面の毛の毛先をつまんで、引っぱりながら先端を少しねじる。短い毛をふんわり立たせながら、しゃれた毛束感も生み出せて一石二鳥。

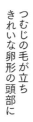

023

難あり髪を救う 荒木式ヘアスタイリング5

クセ毛

BEFORE

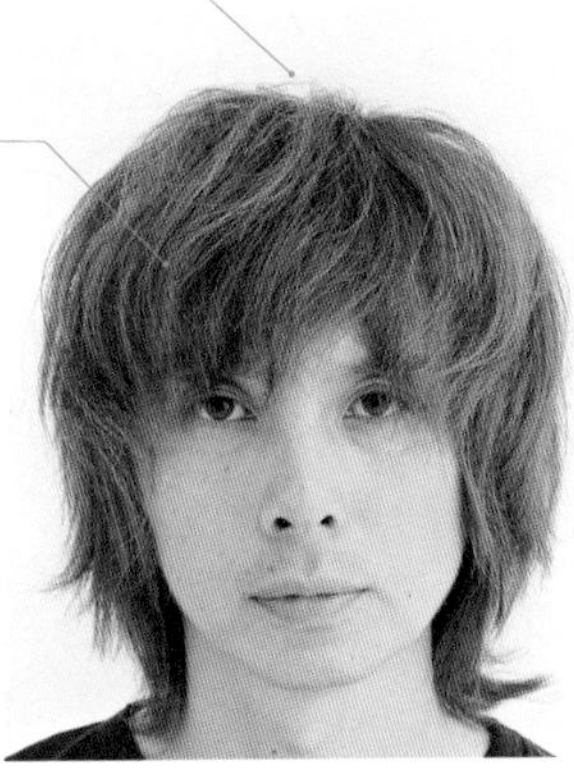
トップがつぶれて
頭が大きく
毛先がバラバラで
清潔感がない

SIDE

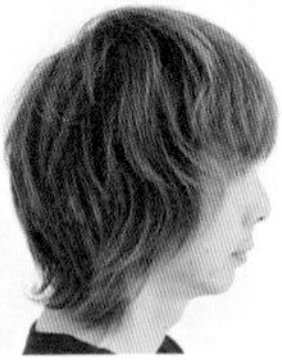

BACK

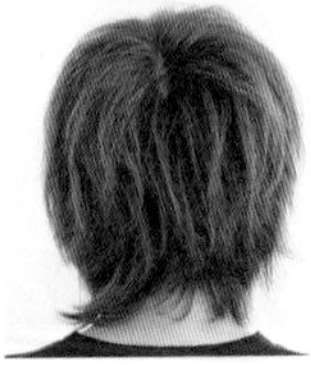

PROCESS

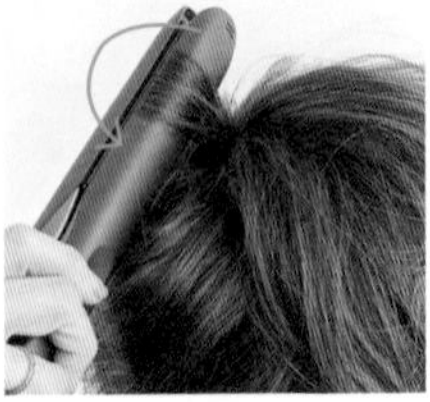

1

ストレートヘアアイロンで表面の毛にカールをつける。少量ずつ薄く毛をとり、根元をはさみ、手首を返して、引っぱりながら内巻きにする。

2

そのまま続けて、毛束の中間から毛先に向けて外巻きにし、S字のカールをつける。部分的に長い毛はS字のあとに、毛先を内巻きにすると変則的でおしゃれ。

毛の中間がうねり、毛先がハネるという扱いづらいクセ毛。自然にまかせたままでは、毛先があちこち向いてだらしない印象に。トップを立ち上げ、表面と毛先にだけS字カールをつけて、おしゃれなイケメンに。

SIDE

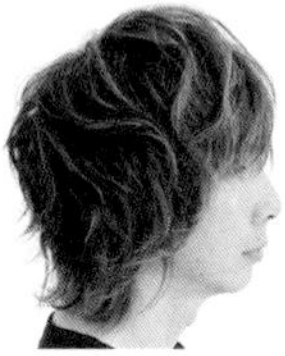

BACK

トップの立ち上がりで卵形の頭部に

きれいなカールの色気のある毛先

AFTER

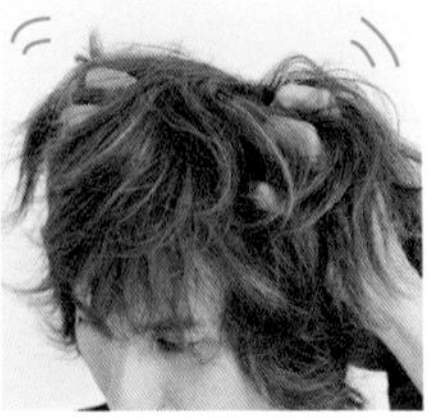

3

表面にだけカールをつけ終わったら、ワックスを指先にとり根元を持ち上げるようにしてもみ込む。カールをつぶさないよう、軽めの力かげんで根元をふっくら立ち上げる。

4

トップの髪を立ち上げ、前に流して頭部を卵形に整える。ハチ付近の毛は、輪郭を隠し、目元にかけるように少し前にもってくると、今っぽいイケメンのムードに。

5

指に残ったワックスを使って、えり足の毛を整える。少しずつつまんで毛先をねじり、ランダムに動く毛束をつくると、のっぺりせず、色気を感じさせる後ろ姿になる。

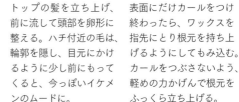

024

「後頭部」のスタイリングで大人の色気が出る

女性がいちばん見ているのは、実は正面の髪型より横顔や後ろ姿。後頭部から首筋のシルエットがきれいな男性は色気があるもの。私が担当するアーティストのライブのあとは、女性ファンの方々から、私のＳＮＳにも「後ろ姿もカッコよかったです」「うつむいたときの横顔までイケメン」などのコメントをいただくほど。後ろ姿や横顔でもコツコツ点をかせぎ、総合的なイケメンに近づくのが得策です。

理想は、後頭部にキュッと丸いボリュームがあり、えり足がくびれた形。若いときは全体の毛量が多いので自然と丸いシルエットになりますが、年齢を重ねるとトップの毛は薄くなるのに、つむじより下の毛量はほぼ変わらないため、頭の形が悪く見えてきます。大人ほど後頭部のスタイリングが重要に！

後ろ姿、横顔からモテる髪に

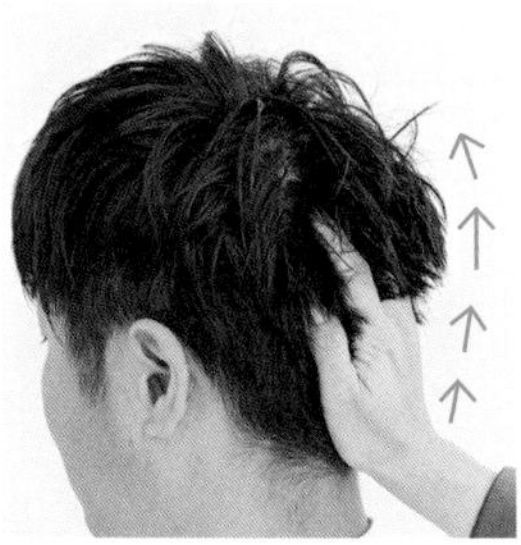

PROCESS

ワックスをつけた指でえり足からトップへと髪の根元を持ち上げていく。えり足はタイトにつぶれ、後頭部には丸く立体感が出る。

首筋がすらっとし、横からのアゴのラインもシュッと見える。全体のバランスが整うことで、小顔効果も！

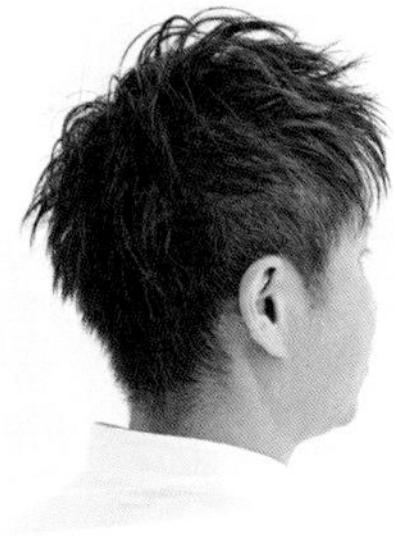

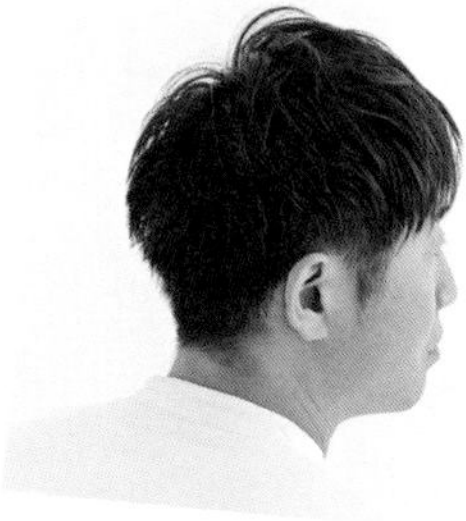

025

前髪スタイリングでイメチェンがねらえる

メンズは毎日「きまった髪型」をし続ける人がほとんど。めんどくさい、テクニックがない……それは女性からイケメンと思われるチャンスを捨てているのと同じ！　殿方が女性のイメチェンにドキッとするのと同様に、女性もメンズの想定外の見た目の変化にはハッとするもの。アーティストのライブ中のヘアチェンジでは、おろしていた前髪を上げるだけで、観客席から「キャッ!!」という悲鳴が聞こえるのです。イメチェンしないのは、大損！

男性でも手軽にイメチェンにトライできるのが、前髪のスタイリング。カットの時点で、何通りかにアレンジできるようにしておくと扱いやすいですが、まずは今できそうなものから挑戦してみましょう。女性からのリアクションがきっとあるはず！

斜め分け

おろしとセンター分けのハイブリッドで、TPOを選ばない。分け目の立ち上げをつくるのが重要。ストレートに整えずクセを生かしても。

前髪をおろす

大人の男性の場合は、3D前髪を目指して。前髪は額にはりつくと清潔感をそこなうので、根元を立ち上げたふわっとした前髪に。

前髪を上げる

キリッとした男性らしさがいちばん出るスタイル。根元をキープスプレーやストレートアイロンで立ち上げ、毛先はワックスで毛束感を。

センター分け

縦ラインを強調するので、丸顔の人に似合いやすい。分け目横の毛を逆側に倒してブローし、根元を立ち上げるとイケメンに！

026

「ヘアアイロン」で髪年齢を10歳引き下げる

見た目のオジサン化に拍車をかけるのが、髪のパサつき。ツヤがなくなると老けて見えるのは、女性だけではないのです！

大人の男に必要なのは、清潔感のある自然なツヤです。簡単にツヤを出せる便利なアイテムが、ストレートヘアアイロン。表面の髪をすくって、根元をアイロンではさみ、毛先に向かって軽くすべらせるだけでキューティクルが整い、サラサラとした乾いた軽いツヤが出ます。トップから3段くらいまでツヤを出せば十分。すべらせてツヤを出すだけなので、時間もかかりません。

小型のストレートアイロンなら、短い髪の男性でも扱いに困りません。根元の立ち上げや毛流れを動かすときにも、1本あれば大活躍間違いなし。

ツヤを出す

BEFORE

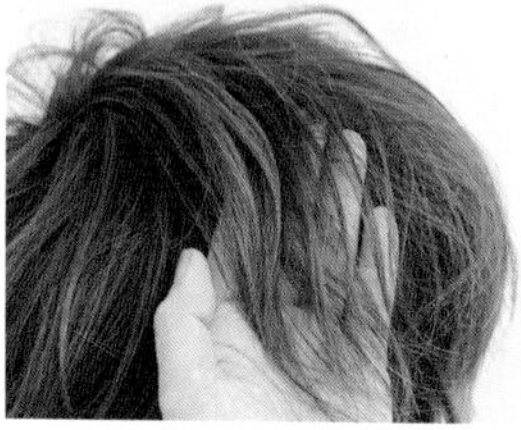

AFTER

PROCESS

表面の髪をとり、ヘアアイロンで根元付近をはさむ。毛束がゆるまないよう引っぱりながらアイロンを毛先へすべらせる。

ボリュームを出す

ボリュームを出したい部分の髪をひとつまみする。根元から毛先に向かって、ヘアアイロンを通していく。

ヘアアイロンをあてるときは、毛流れと逆方向に毛束を引っぱりながらおこなうと、根元が立ち上がる。

荒木式「盆栽カット」ならイケメン度が2段階上がる

アーティストはどんなときでも、どこから見られてもカッコよくあることが求められます。しかし、ライブや撮影では、激しいアクションをとったり、雨や嵐の中での現場になったりすることも。私がつきっきりで髪を直すわけにはいきません。でも私の担当するアーティストの方には、常に完璧にカッコよくあってほしい！

そこで開発したのが、荒木式「盆栽カット」。頭部を美しい「卵形」に見せつつ、動いてもぬれても髪型がキマる、独自の立体カットです。シャンプーもブローもせずにカット開始。ライブ前に楽屋でカットすることもしばしばです。一律に長さをそろえるのではなく、頭の形と髪の生えグセを見ながら少しずつカットする、その様子が盆栽を手入れしているようだと言われます。また、縦にハサミを入れて毛の長さをランダムにカットするのも特徴。自然な毛束感ができ、いくら動いても元の形状に戻りやすいので、アーティストの方からは、「形状記憶カット」と呼ばれています。切ってから2、3カ月たっても形があまりくずれないのもポイント。超多忙なアーティストの方は、髪のメンテナンスをマメにできない場合も多いですからね。

特殊なカットの方法なので、そのままマネは難しいかもしれませんが、髪型の整え方を再考する一助になればと思います。

027

荒木式「盆栽カット」1

薄毛

BEFORE

分け目がぺったり

前髪が割れ生えぎわが隠せていない

SIDE

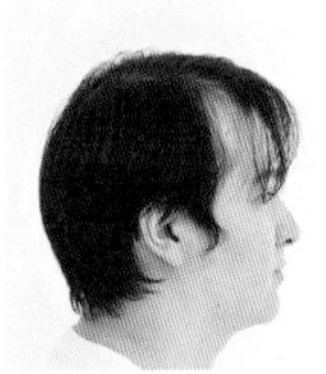

BACK

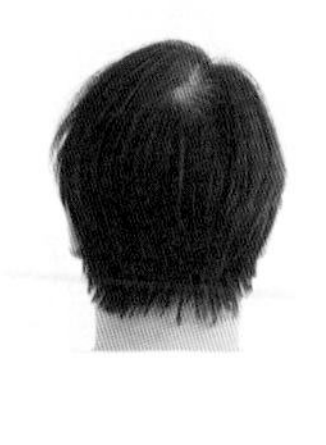

PROCESS

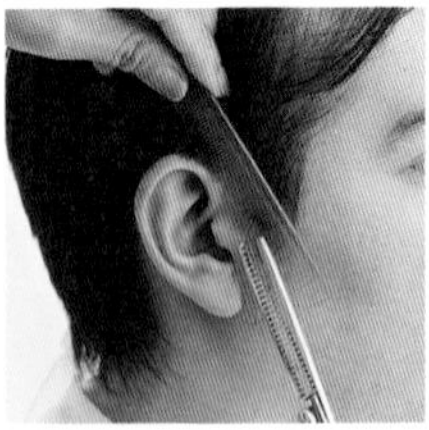

1

無造作に伸びたもみあげは、長さ約3㎜ほどにカット。バリカンで均一にするのではなく、すきバサミで整えて毛1本1本の長さをバラけさせると毛がきれいにまとまる。

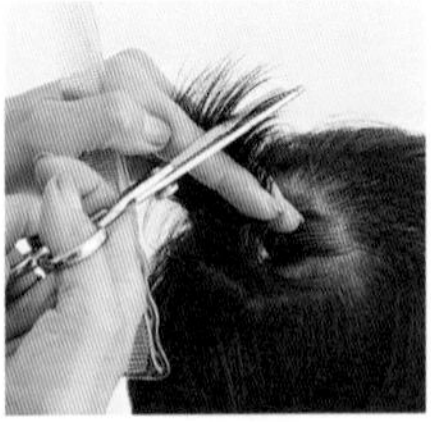

2

つむじをはさむように、上下の毛をいっしょにとる。根元を持ち上げた状態でカット。毛先に斜めにハサミを入れてのこぎり歯状に切る。短い部分が土台となり、ボリュームが出る。

頭頂や生えぎわをカバーしようと全体が長め。毛量がある耳上部分はふくらみ、トップやこめかみはぺたんこ。「盆栽カット」で根元を立たせる土台となる短い毛を仕込み、その上に長めの髪をかぶせ、増毛して見せます。

AFTER

生えぎわを完全にカバー
トップもふんわりの卵形ヘアに

SIDE

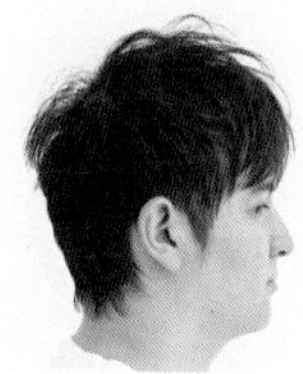

BACK

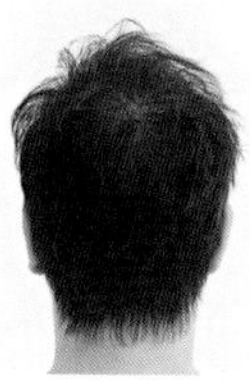

3

薄さが目立つこめかみ周りは、毛先を長めののこぎり歯状にカット。短い毛を土台に、長い毛をかぶせ、地肌の見える部分をふわっとカバー。色気ある動きも出る。

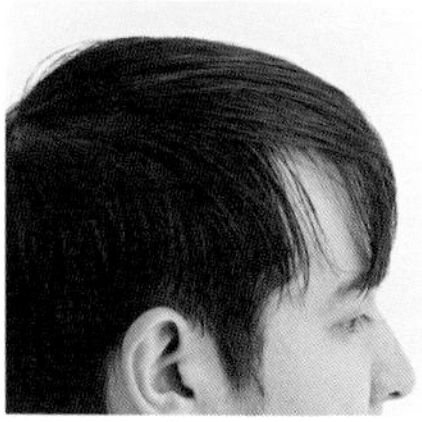

4

こめかみが薄くても、耳上の毛量はある。このせいで頭の形が悪く見えるので、耳上の毛は短くする。ここがすっきりすると、マスクをつけたときにもじゃまにならない。

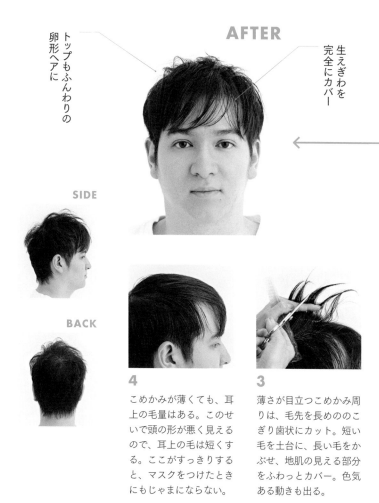

028

荒木式「盆栽カット」2

ハチ張り

BEFORE

トップは平らで
頭の形が悪く見える
頭が横に大きく
広がって見える

SIDE

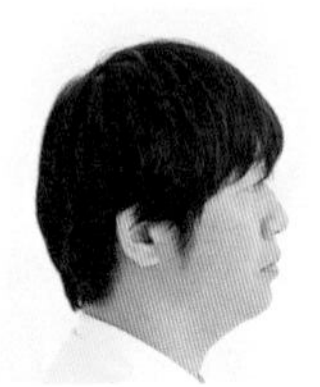

BACK

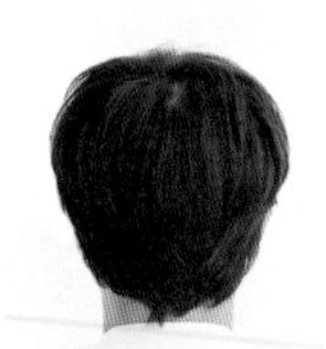

PROCESS

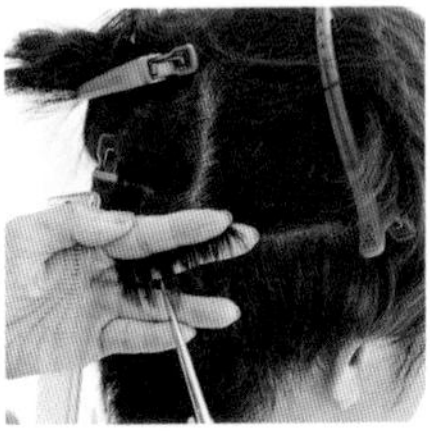

1

ゼッペキな人の後頭部の内側の毛は、毛先がのこぎり歯状になるようにカットする。短い毛と長い毛が混在することで、平らだった後頭部に自然と立体感が出るようになる。

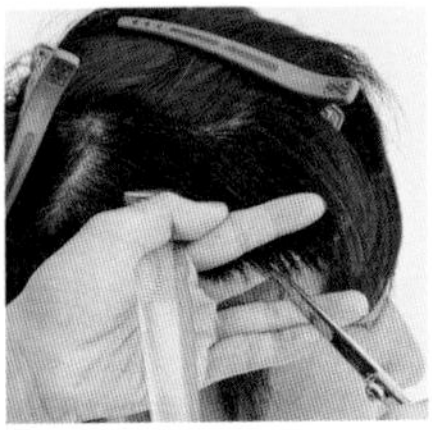

2

サイドの毛も1と同様に毛先をのこぎり歯状にする。毛を真下におろすのではなく、毛流れと同じ方向になるようにして切ると、自然とボリュームがおさえられる。

毛量の多さとハチ張りによって、横に大きくなっている状態。これをイケメンな「卵形」にするため、トップに高さを出し、サイドは「隠れツーブロック」にする。さらに後頭部をふっくらさせて、ゼッペキも解消。

AFTER

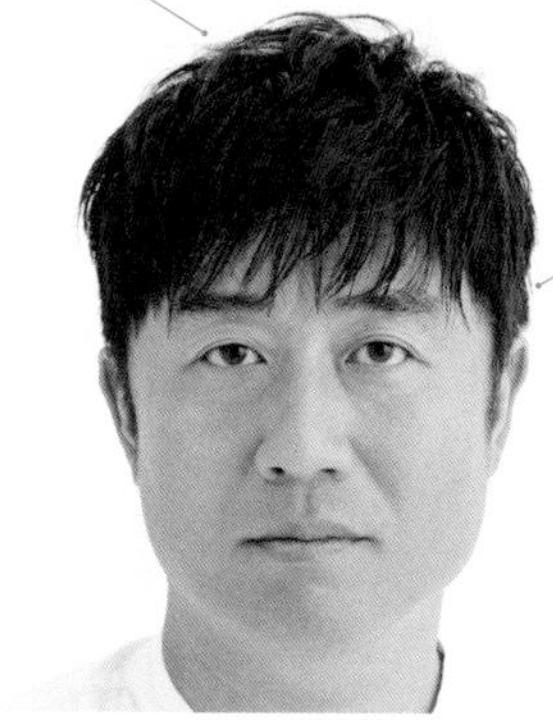
サイドの毛がタイトにおさまっている
頭頂部がふっくらし理想的な「卵形」に

SIDE

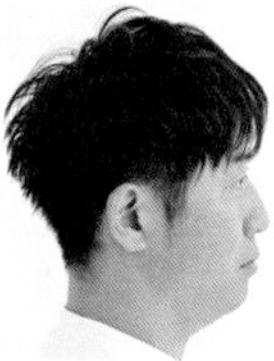

BACK

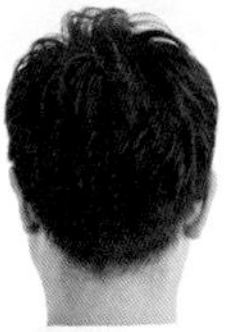

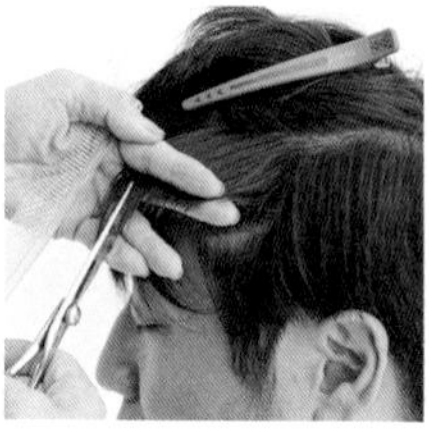

3

サイドの内側の毛は、ハサミで刈り込んで「隠れツーブロック」に。バリカンだと毛が伸びたときに表面の毛を押し出してハチが張るので、ハサミで長さをバラバラに切る。

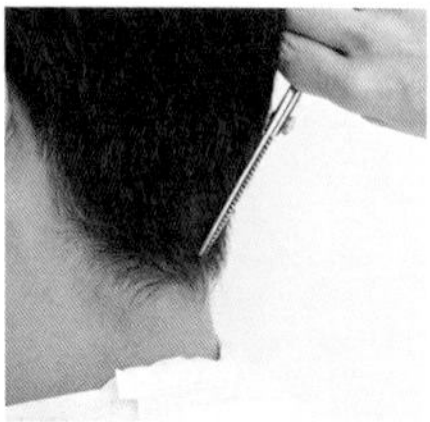

4

もっさり厚いえり足は、すきバサミで削る。毛流れのクセで毛が上を向く場合は、すきバサミを縦にして上から下へ切ると、毛がピタッとはりつくように落ち着く。

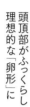

029

荒木式「盆栽カット」3

散らかり前髪

BEFORE

細くなった前髪の
クセ毛が悪目立ち
サイドと
後頭部だけ
ふくらんでいる

PROCESS

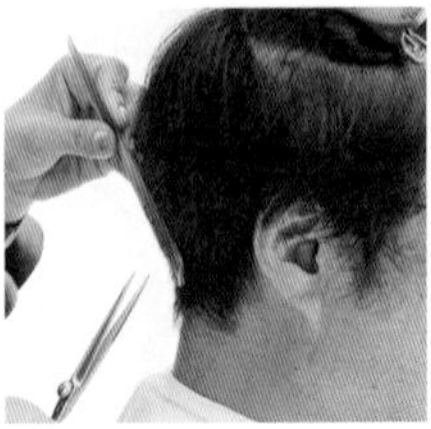

1

ふくらんでいたえり足は、ハサミを縦に入れ少しずつ削っていく。横向きに切ると毛の長さがそろいすぎて、伸びてきたときに剣山のように立ってしまうので、縦カットで防止。

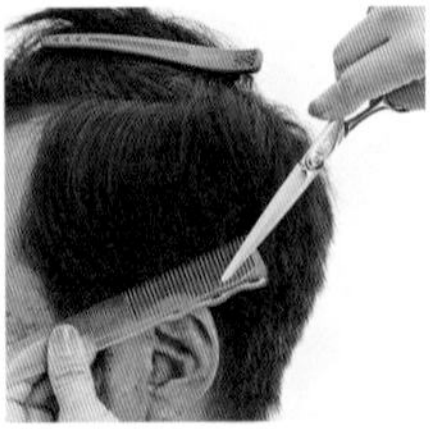

2

サイドは耳にかからないようにカット。クセがある髪は、そのクセの毛流れに沿うようにクシを入れながらカットすると、うまくボリュームがおさえられる。

SIDE

BACK

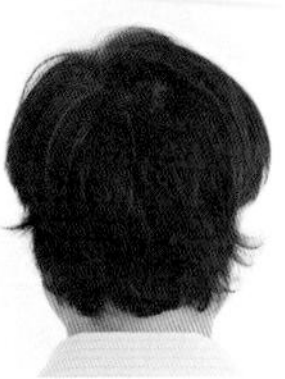

前髪の毛が細くなったことでトップはぺたんとし、サイドだけ毛量が残った状態。また、クセ毛によりサイドの毛がよけいに広がっています。サイドはくせ毛を落ち着かせ、トップはのこぎり歯状カットで立たせます。

AFTER

クセ毛が目立たずおしゃれな動きがつく

トップの毛がしっかり立っている

SIDE

BACK

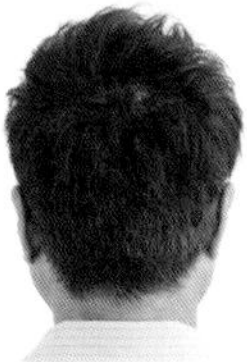

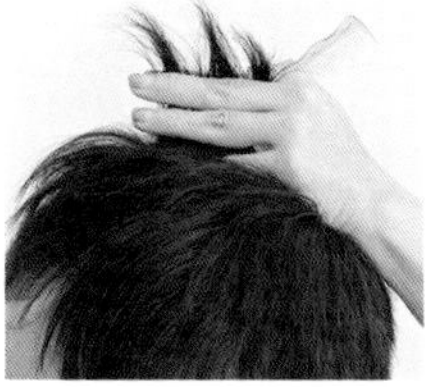

4

トップの毛先をのこぎり歯状にする。髪を自然におろしたときに、短い部分の毛が長い毛を押し上げて、スタイリングせずともトップがふっくら立ち、ボリュームが出る。

3

毛が細くなり、ボリューム減が気になる前髪は、トップの毛と合わせて前にもってきながらのこぎり歯状にカットする。毛を前に流したときに自然できれいな形にきまる。

030

荒木式「盆栽カット」4

クセ毛

BEFORE

内向きのクセで
頭が丸く膨張

えり足は
ぺったりして
バランスが悪い

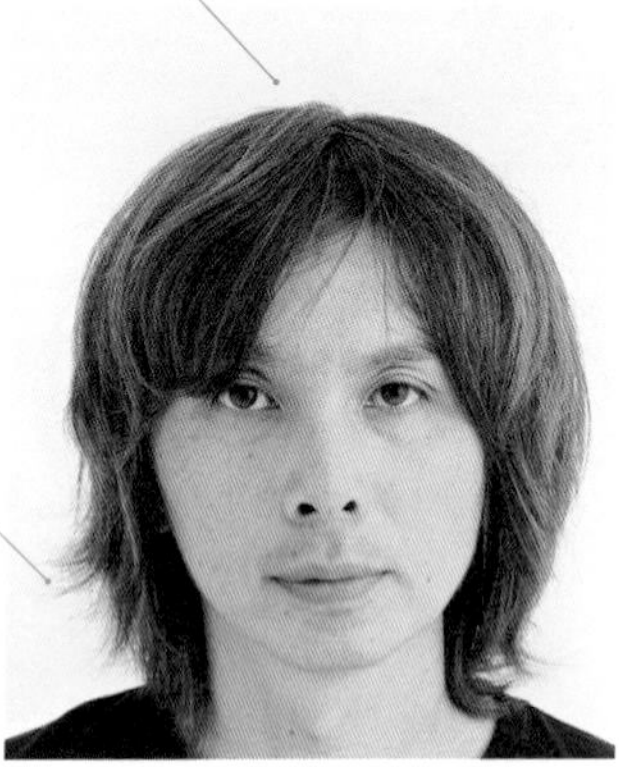

SIDE

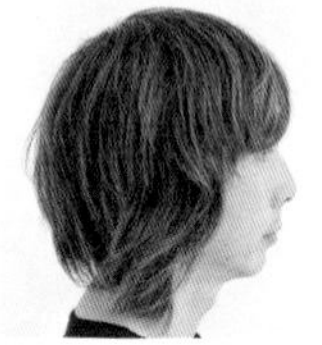

BACK

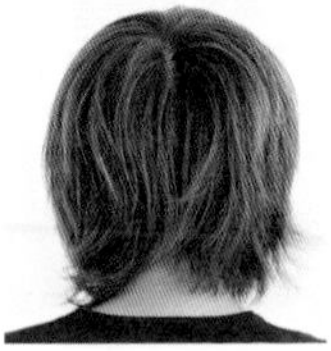

PROCESS

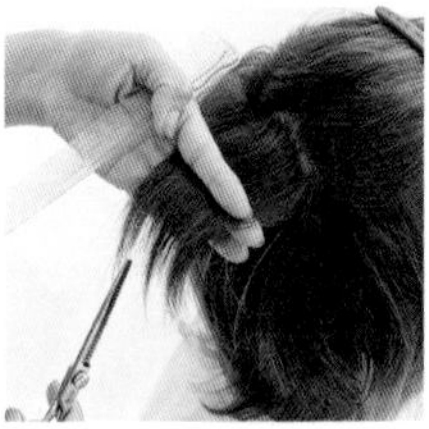

1

ロン毛の毛先をまっすぐ切りそろえると、おかっぱのような形に。そうならないよう毛先はのこぎり歯状にカットして、まとまりすぎず自然に動きが出るように仕込む。

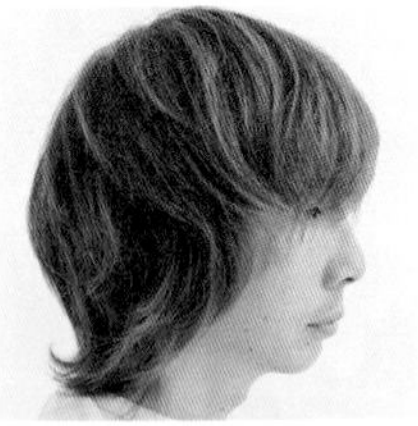

2

サイドの毛は、前方向に流しておく。まっすぐ下にとかして切るより、前方へ流した状態のままカットするほうが、横から見たときにきれいな斜めラインが出る。

カットだけで、クセ毛がおしゃれなニュアンスパーマに見える方法があります。すべての毛先が内に向くと髪が丸くまとまってしまうので、毛先がS字の外向きカールで終わる位置でカットするのがポイントです。

AFTER

自然と動く表面の毛流れ

毛先が外にハネてえり足がほどよくバラける

SIDE

BACK

3

えり足は、こまかく毛束をとってそぎ切りにする。このとき、クセと同じ方向に毛先をねじって切ると、もともとのクセのカールが強調されて、遊びのある動きがつく。

4

毛先をそぎ切りにすると、根元が太くて毛先が細い毛束になり、動きがつきやすい。クセをよく見て、カールの端が外向きの位置で切ると、S字の毛流れができる。

031

もみあげ下の「ゴールデン三角ゾーン」で男の色気を出す

髪で簡単にイケメンな雰囲気を出す方法をお教えしましょう。それは「ゴールデン三角ゾーン」をつくること。こめかみからもみあげにつながる部分をシャープな三角にカットするのです。ここに陰影があるとシュッと小顔に見え、色気まで漂います。

三角の先端が耳たぶの下端になる長さがベスト。短髪ならもみあげを三角につくり、先端を薄いグラデーションに。長髪なら、三角ゾーンが独立するようカットを。今、もみあげが短いなら、眉パウダーで一度「ゴールデン三角ゾーン」を描いてみてください。印象がガラリと変わるのがわかるはず。次に美容室に行った際は、三角の髪を残すようオーダーを。セルフカットなら、約6㎜の長さにできるシェーバーで整えるのがおすすめです。

ゴールデン三角ゾーンとは

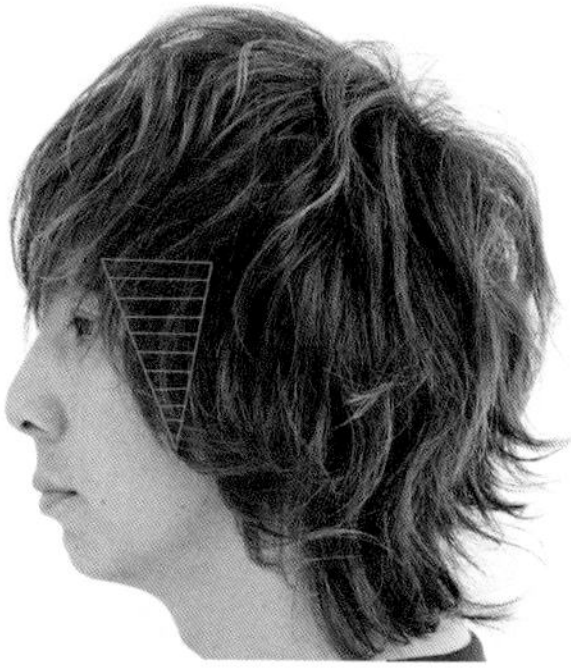

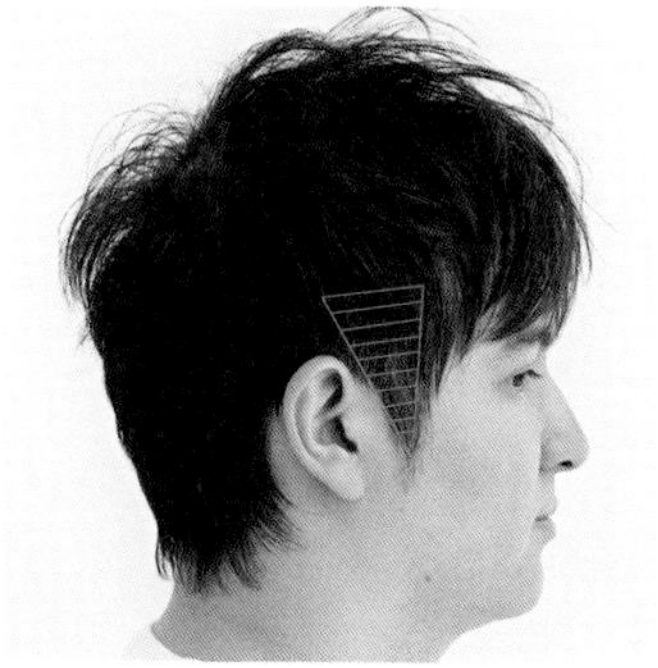

横顔の三角シルエットが顔を斜めに削って立体感を出すため、小顔に。アゴの骨格もきれいに見せる効果があり、色気が増す。

動いたときもカッコいい

髪が動いたときもフェイスラインをカバーするように残るのが「ゴールデン三角ゾーン」。多少髪が乱れてもイケメン感を保てる。

032

顔型別 おすすめヘア

丸顔・ベース形

モヒカン風に頭頂部の毛を立たせる髪型。顔のシルエットを縦長に見せることで、エラやアゴの丸みが目立たなくなる。

内側が短い「隠れツーブロック」で、耳上をタイトに。サイドのボリュームをしっかりつぶすと、顔がスリムに見えてくる。

えり足を長めにつくって縦ラインを強調。トップの毛もふんわりさせて、上下両方に髪で面長感を出すとバランスよく仕上がる。

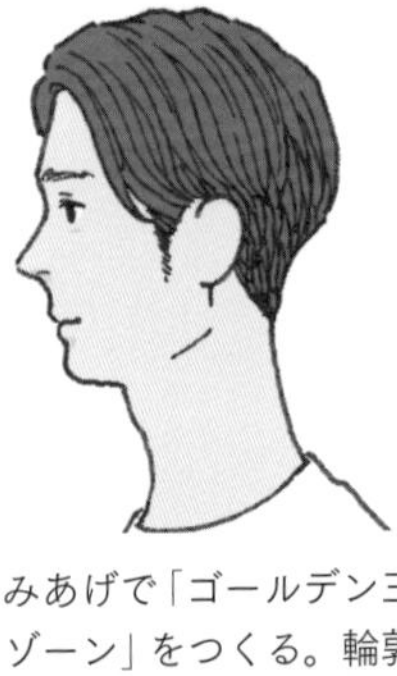

もみあげで「ゴールデン三角ゾーン」をつくる。輪郭を陰影で削るので、前から見ても横から見ても小顔効果が得られる。

面長・コケぎみ

面長タイプはハチもあまり張っていないので、はやりのマッシュヘアも似合う。横に少しだけボリュームを出すのを意識する。

長めの前髪のセンターパートで、ちょうど耳周りにいちばんボリュームが出るように設定。顔の中央の高さで横幅を出し「卵形」に。

前髪を重ために残したミディアムヘア。マッシュに近い丸みのあるヘアは、面長に横幅をプラスしてくれ、理想的な「卵形」に近づく。

ニュアンスを出すパーマで、頭部にふっくらしたボリュームを出す。面長の場合は、トップの高さを出しすぎないように注意。

033

美容室の「セカンドオピニオン」をとり古くさい見た目を回避

もう5年、10年美容院を変えていない。でも、通っている店に満足しているかと聞かれれば、そうでもない。男性は、それでも同じところに通い続けるという人が多いですね。どうせこんなもの、と半ばあきらめている。でもそれではイケメン度を更新することはできません。

まずはオーダー法を変えてみてください。「長さをどうしたいか」より、「どんなイメージにしたいか」を伝えるのがいい。オーダーに失敗しないコツは、写真を複数見せること。イメージが具体的に的確に伝わります。長さはこれ、前髪はこんなふうに、と部分的なものでもOKです。俳優さんや外国人の写真でも恥ずかしがる必要はありません。

理想の「卵形」の頭部と、現状の髪型を比較して、ボリュームを減らしたいところ、出したいところを考え、美容師さんに伝えるのもいいでしょう。「ハチが張るので、サイドの内側の毛量を自然に減らしてほしい」「顔が大きいのが気になるので、もみあげを切りすぎず、薄く残してほしい」など。

新しいスタイルや髪の悩みを相談しても「この髪質だと難しい」など、美容師さんから前向きな対応が得られないのであれば、美容室を変えてみましょう。技術やスタイルは美容室により全く異なります。別の美容室では全く違う解決法を提案してもらえる可能性が大いにあります。医療機関でのセカンドオピニオン的な考え方は、美容室でも有効です。

全世代で「薄毛率」急上昇中。一刻も早くケアを!

近年、男性の薄毛の低年齢化が加速しています。長年男性の髪を実際見てきましたが、最近は20代でも薄毛の兆候があらわれている人が多いのです。20代、30代で「自分はもともとおでこが広いタイプだから」と思っている男性、すでに薄毛化が始まっているかもしれない、と疑ってください。なんとなくセットがきまらなくなってきたと感じたら、薄毛化のサインです。

薄毛の低年齢化の一番の理由はスマホやパソコン。毎日長時間目を酷使するようになったため、側頭筋がこり固まっている人が激増しているのです。側頭筋とは、こめかみ付近にある頭の筋肉。目を酷使するとこりやすい部分で、ここがこると、頭皮への血流が滞り、薄毛化につながるのです。ケア不足による頭皮の毛穴の詰まりも、元気な頭髪の生育をはばみます。

薄毛は一歩でも早くケアを始めることが何より大切です。薬などの本気の治療まで手を出さずとも、頭皮や髪のケアを日々きちんとおこなっていれば、健康な髪を長く保っていけます。

健康な髪を育てる条件は、「頭皮環境を良好に保つ」。仕事で出会うメンズたちに伝えてきたセルフケアの方法を、みなさんにもお教えします。

034

シャンプー前は「髪のクレンジング」が必要

ワックスなどの整髪剤は、毎日のシャンプーではなかなか落としきれません。そして、整髪剤が残ったままだと毛穴が詰まり、頭皮環境は悪化、薄毛を招く炎症を起こすことも。また髪表面に残留物が付着し続けると、ヘアセットもきまりづらい、パーマがきれいにかからないという事案も発生。

それを防ぐのが、シャンプー前の髪のクレンジング。専用のアイテムを使うのもおすすめですが、シャンプーの前に油分を含むトリートメントを使うだけでもいい。まず髪と頭皮にブラシをかけ、油分を含むトリートメントかリンスを髪になじませると、整髪剤などの油性の汚れや皮脂が浮き上がり、その後のシャンプーでラクに落とせるのです。健康な頭皮環境を保て、ベタつきやにおいも防げます。

035

男の髪には毎日のトリートメントは不要

薄毛のメンズにトリートメントは不要。髪のボリュームがなくなってしまいます！　トリートメントは髪表面に膜を張って保湿したりツヤを出したりするアイテム。膜のせいで髪が重くなり、スタイリングしても立ち上がりづらくなってしまうのです。男性も女性のようにシャンプーとトリートメントを必ずセットで使うべきと認識している人が多いように思いますが、髪にボリュームを出したいメンズは、毎日のお手入れはシャンプーのみにするのがベター。短髪なら乾燥してもわかりにくいので、トリートメントは必要ありません。

どうしてもパサつきが気になる人は、トリートメントを週に一、二度とり入れるか、トリートメントよりコーティング力が軽い「リンス」を使用して。

036

「クレイパック」で頭皮臭をオフできる

年齢を重ねると気になってくる頭皮のにおい。シャンプーで洗うだけでは解消されません。頭皮は体の中でも皮脂腺・汗腺が特に多い部分。皮脂腺の数は顔のTゾーンの2倍以上とも。皮脂が酸化したり、雑菌が繁殖したりして、頭皮臭の原因となるのです。30歳前後からは、ジアセチルやノネナールなどの加齢臭のもとになる物質の分泌も盛んに。

妙齢のメンズに推奨したいのが、週に2回の「クレイパック」。粘土の成分を配合した頭皮パックです。毛穴に詰まった皮脂などの汚れを吸着し、抗酸化作用もあるため、頭皮をすっきりリセット可能。

洗髪後はすぐにドライヤーで乾かすことも忘れずに。髪が生乾きだと頭皮臭につながるため、髪の根元や内側をしっかり乾かすのがポイントです。

037

週に1度は「頭皮の休息日」をつくる

かといって洗いすぎも禁物。シャンプーは必要な皮脂まで落としてしまう危険があるため、毎日使い続けるのは避けたほうがベター。過剰な皮脂は頭皮臭などの原因になりますが、皮脂は紫外線などの外部刺激から頭皮を守る役割をもつもの。洗いすぎても頭皮環境を悪化させるのです。

頭皮のために、週に1度はシャンプーの使用を休む日を設けましょう。もちろんその日はスタイリング剤も使わずに。休日を利用するといいでしょう。疲れたら体を休めるように、頭皮の休息日をつくって、毛髪の育成環境を整えて。

シャンプーは弱酸性のものを。洗浄力の高いものは髪の毛のタンパク質を変性させ、切れ毛や細毛の原因になるため、毎日使いには適しません。

038

髪と頭皮が元気になるヘアケア剤

シャンプー

ジオ スキャルプシャンプー 320ml 1,980円／ルベル（タカラベルモント） 褐藻エキスを含んだ泡が毛穴に入り込み、頭皮まですっきりマイルドに洗い上げる。サロン専売品。

クレイエステ シャンプーEX 330ml 1,980円／b-ex 天然クレイとアミノ酸系洗浄成分が頭皮の汚れをやさしく、しっかりとり除く。サロン専売品。

プラーミア クリアスパフォーム 170g 2,750円／ミルボン 高濃度炭酸泡が髪の間や頭皮まで浸透、皮脂やにおいをオフする頭皮用シャンプー。サロン専売品。

リンス

無添加せっけん専用リンス 350ml 660円／ミヨシ石鹸　天然成分のクエン酸で、せっけんシャンプー後の髪のきしみをやわらげてくれる。軽い使用感で、荒木式メンズヘアケアでは、通常のシャンプー使用時にもおすすめしています。

ヘアスプレー

大島椿 ヘアスプレー 140g 1,320円／大島椿　乾燥が気になる髪にひと吹き。ナチュラルな椿油がツヤを出すと同時に、紫外線などの外的刺激から髪を保護してくれる。

ヘアケアローション

enz-SQ 酵素ローション 300ml　4,180円／IBC　活性酸素分解酵素を配合したローション。においを防ぎ、カラーリングによる残留ケミカルを除去する。

039

白髪はグレー系でなじませると老けて見えない

ストレスの多い生活や偏った食事、喫煙などにより、30代でも白髪に悩む人が増えています。男性でもやはり白髪は老け見えする原因に。美容室やセルフで、定期的にケアすることをおすすめします。

美容室や市販の白髪染めでしっかり染めるともちがいいですが、忙しくてなかなか美容室に行けない、そこまで白髪の本数が多くないというメンズには、カラートリートメントがおすすめ。普通のトリートメントのようにシャンプー後の髪になじませるだけで徐々に髪に色がつく便利アイテム。ヘアカラーのようにしっかりは染まりませんが、白髪をなじませるだけでも格段に若見えします。

白髪染めの色はアッシュ系がおすすめ。真っ黒に染めるより、地の髪の色となじみます。

白髪ケアの種類

① 白髪用のヘアカラー

カラー剤を髪に塗り、表面のキューティクルを開かせて、染色成分をしみ込ませることで、髪に色を定着させる。美容室でのカラーリングや、市販の白髪ケア剤のなかで多いのがこのタイプ。色もちがいいが刺激が強いことも。カラーが豊富で、白髪を染めながら好みの髪色を楽しめる。

② ヘアマニキュア

爪に塗るマニキュアのように、髪の毛の表面を色素でコーティング。カラー剤のpH値が酸性なことから酸性カラーとも呼ばれる。髪の内部に染色成分をしみ込ませないのと、pH値が髪と近いため、ダメージリスクは低い。最初は色落ちしやすいが、繰り返すことで色が蓄積し、落ちにくくなる。

③ ヘナカラー

ヘナという植物の葉を使う植物由来の天然染料。化学染料が配合されていないので、もっとも髪にやさしいカラーリング方法ともいわれる。ヘナの葉の粉をお湯で溶かして染料をつくる。天然色素のため、赤みを帯びた仕上がりになりやすい。

④ カラートリートメント

トリートメント剤と染毛料がいっしょになったもので、ふだんのシャンプー後に塗布して染めていく。髪の表面をコーティングすることで髪色を変えていくので、使用頻度が高ければ髪色を維持しやすい。ただし、繰り返し使うことで徐々に色がつくので、即効性は低い。

⑤ ヘアマスカラ・ヘアファンデーション

シャンプーで落ちる、1dayタイプの白髪隠し。マスカラのような液を髪の根元に塗布するヘアマスカラや、顔に塗るファンデーションのような固形のタイプも。伸びてきた白髪のケアに便利。

040

頭皮ケアはギアに頼る

現代社会を生き抜くメンズは、頭皮をいたわるケアも必須。長時間のパソコン作業やスマホの使用で、頭の筋肉がこり固まって血行が滞っている人がほとんど。その状態のまま放置すると、必要な栄養が髪に届かず、抜け毛や薄毛につながります。

手軽にできるケアとして、頭皮マッサージや、マッサージの際のスカルプローションの使用がありますが、忙しい毎日、自分の手でマッサージをするのは力もいるし、めんどう。ならば、美容機器に頼るのが正解。忙しいメンズこそ、最新テクノロジーを搭載したスカルプケア用ギアを活用すべきです。

頭の筋肉は顔とつながっているので、頭皮ケアを続けると、顔も整ってきます。私が仕事でもプライベートでも愛用しているギアをご紹介します。

最新機能を搭載した頭皮ケア用ギア

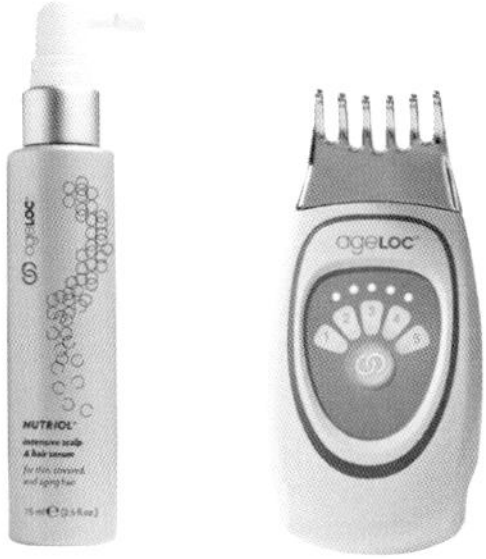

〈右から〉ageLOC® ガルバニック スパ® 43,162円、同ニュートリオール® スカルプ ＆ ヘアー セラム 75ml 8,165円／ともにニュースキン　ガルバニック電流によりケア化粧品の成分を肌に届けるよう設計された美容機器。スカルプケア用セラムには、頭皮と髪を育てる栄養成分を配合。

パイラブラッシュ 74,800円／リンクス　低周波の約40万倍の「DECAm波」で頭皮の筋肉運動を誘発。

041

「頭皮温度」の最適化が薄毛・抜け毛対策になる

頭皮自体の温度は体温よりも2度ほど低いのが理想。頭皮温度を熱くしすぎると、髪の育成サイクルが乱れ、薄毛や抜け毛を引き起こす原因となるといわれます。

シャワーは温度管理が重要。適温は36～38度です。40度超えになると必要な皮脂まで溶け出し、頭皮も髪も乾燥しやすくなってしまいます。逆に水シャワーも、皮脂がきちんと洗い流せず、においのもとになるので、浴びるならお風呂上がりに。

長年の観察によると、帽子を常時かぶっているメンズは薄毛になっていく傾向がある気がします。蒸れも頭皮の大敵。おしゃれも大事ですが、脱げるときは脱いで、頭皮のクールダウンを心がけて。

MEN'S
LOGICAL
BEAUTY

PART 3

肌

SKIN

PART 3 男の美・肌・は七難隠す

ヘア&メイクアーティストの視点で20年以上、男性を見てきて思うのが、スキンケア習慣があるかないかで、見た目の印象が大きく変わるということ。男性にスキンケアなど必要ない、と思われる方も多いかもしれません。しかし、他人からの視線をいちばん集めるのは顔、顔の中でいちばん大きな面積を占めるのは肌。肌が印象を大きく左右する、というのは明らかな事実なのです。

肌のなめらかさは、若々しさ、清潔感、ヘルシーさ、品のよさなど、好印象を得る要素をすべて含むもの。「色の白いは七難隠す」と昔からいわれますが、女性だけでなく男性の場合も、見た目印象における肌の重要度は変わらないのです。逆にいえば、男性でも、肌をきれいに手入れしていれば、顔立ちや年齢を問わず、見た目の印象はグッとよくなるということ。

ただし、眉や髪はスタイリングで瞬時にイケメン風に整えることができるのに対し、肌のたるみやシワなどは、その場で立て直すには限界があります。さらに、年齢を重ねるとケアしている人としていない人の差が大きく出てくるもの。今からでも遅くありません。今日からスキンケアを始めましょう。

042

きれいな男には「アゴ」がある。まずやるべきはマッサージ

私がイケメンと普通の男性の違いのひとつと定義しているのが「アゴ」の有無。イケメンはフェイスラインが引き上がっていて、アゴの骨がシュッと直線的に見えます。この男性的な輪郭に女性はキュンとくるのです。

しかし本来誰にでもあるはずの「アゴ」が、姿勢が悪いままPCやスマホをいじる、睡眠不足や運動不足、マスク生活で表情筋を使わなくなった……などの原因で、むくんだ顔の中に埋もれがち。

そこで、日ごろアーティストの方々のメイク前にやっているマッサージ法をお教えします。すぐに顔の血行がよくなる即効性もあり、続ければ顔が一回り小さくなるはず。朝晩の洗顔後の習慣に組み込んで、アゴからイケメンになりましょう。

洗顔後のルーティンに組み込む

PROCESS

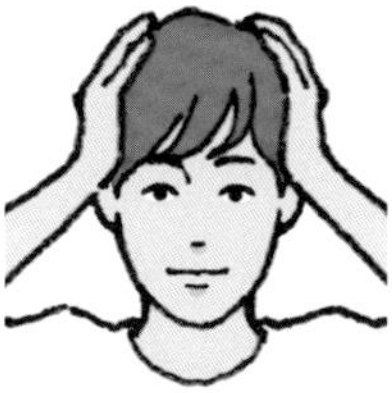

1

頭の左右に手のひらをあてる。そこから、頭をつぶすようなイメージで、ぐっと押す。

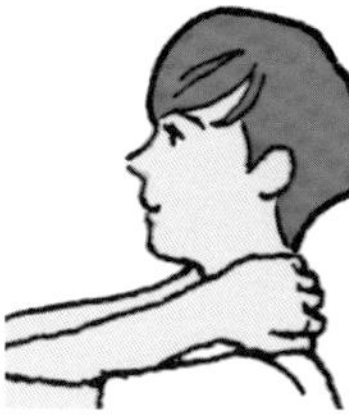

2

両手を組み、ひじを開いた状態で首の後ろにあてる。ひじを開閉して首をもむ。

3

耳をつまみ、前後に回す。耳周りをほぐすと血行がよくなり、頭皮までやわらかくなる。

4

親指で眉毛を押し上げるようにプッシュ。眉頭から眉尻へ位置を変えて数カ所おこなう。

かたつむりかっさ／荒木私物　仕事の休憩時間などに「かっさ」というマッサージ器具で頭皮や首筋を流すのもおすすめ。顔周りの血流やリンパの流れをよくする効果が。

043

男の肌が見違える！「荒木式スキンケア」

「荒木式スキンケア」のロジックはシンプルです。肌に不要なものを除き、ニュートラルな「無」の状態に整える。たったそれだけです。

まず洗顔料でしっかりと汚れや皮脂を落とす、次に、水分が入りやすくなった肌に化粧水でうるおいを与える、そして、油分を含む乳液やクリームで、肌から水分が蒸発しないようコーティングする。これを朝晩続けるだけで、肌トラブルが絶えなかったメンズでも、みるみるなめらかで引き締まった、清潔感のある肌に整います。

スキンケアで使う化粧品も、基本は極力「無」なものを。植物由来の保湿成分を軸にした無添加のものがいいでしょう。というのも、化学物質が多く含まれているとまれに紫外線に反応して炎症を引き起こしたり、成分が肌に蓄積して肌荒れの原因になったりすることがあります。

今までスキンケアをまともにしてこなかった男性は特に、自分の肌に合うのはどういう化粧品か認識できるまで「無」なアイテムを選びましょう。どれだけ高機能・高効果な化粧品を使うか以上に、正しい方法でケアをすることのほうが大事。スキンケア法を理解したのちに、エイジングケアや美白など、自分の肌悩みに合わせた機能のあるものを、夜だけ取り入れてください。

さらに「荒木式スキンケア」では、アーティストの撮影時の大敵、ニキビや毛穴の黒ずみを防ぐべく、保湿に加えて角質ケアも推奨しています。詳しい方法は１０９ページからを参照してください。

1

ベタつく肌こそ洗顔はマイルドに

ベタつく皮脂を落とそうと洗浄力の強い洗顔料でゴシゴシ洗う、すっきりするからと熱いシャワーで流す、タオルで豪快にふく……。メンズがやりがちなこれらの洗顔法は、全部間違い。乾燥を招き、皮脂を増やしたり、シワの原因になったり。

洗顔料はマイルドなタイプを選ぶこと。体用のせっけんは洗浄力が強いので顔に使うのは避けて。まず手のひらで洗顔料を泡立ててから、肌に直接ふれず、泡を転がすように洗って。どうしても力を入れてしまうという人は、電動洗顔ブラシを使っても。流す際は32度程度のぬるま湯で。熱いお湯は乾燥のもと。タオルの摩擦も肌を傷つけるので、おさえるように水分を吸いとって。

2

化粧水は高級品よりも手ごろなものをたっぷりと

肌がベタつくから化粧水などは必要ない、と考えるのも大間違い。皮脂が多くても、水分は少ない、「隠れ乾燥肌」の男性が非常に多いのです。乾燥は多くの肌トラブルの原因。ベタつきの原因も、実は乾燥です。乾燥を補おうと皮脂が過剰に分泌されるからベタつくのです。

ですから、スキンケアでは肌を保湿することが最重要。洗顔後30秒で肌の乾燥が始まるといわれます。なるべくすぐに保湿化粧水でうるおいを与えて。たたき込まず、手のひらでやさしくおさえて。

忘れがちなのが肌の水分の蒸発を防ぐプロセス。保湿化粧水のあと、乳液やクリームで肌に「フタ」をし、うるおいを閉じ込めて。ベタつきが気になる人は、朝だけTゾーン（額〜鼻）の乳液を省いても。

3

ブツブツ、カサつき予防に週2で「ふきとり化粧水」を

メンズにぜひおすすめしたいのが「角質ケア」。角質とは、肌内部から新陳代謝によって最表面に押し上げられた細胞の層。新陳代謝が滞り、不要な角質が肌に残ると、ニキビや毛穴の黒ずみ、ゴワつきのもとに。せっかくつけた化粧水も入っていきにくくなります。

簡単にできる「角質ケア」として、週に2回、「ふきとり化粧水」を、保湿用の化粧水の前に使うことをおすすめします。「ふきとり化粧水」は、保湿用の化粧水と異なり、不要な角質や汚れを落とすためのアイテム。コットンにたっぷりしみ込ませて、肌をなでるようにふきます。これだけで不要な角質を除去でき、ざらつきやくすみもなめらかに。

4

小鼻の黒ずみは「クレイパック」で阻止。テカリには「ミネラルパウダー」を

女性が意外と見ているのが「小鼻の黒ずみ」と「テカリ」。なぜなら、身だしなみに気を使っているかどうかがわかるポイントだから。清潔感あるメンズと思われたいのであればケアを習慣に。

小鼻などの毛穴の黒ずみ対策に効果的なのが「クレイパック」。クレイ=粘土は余分な皮脂や汚れを吸着してくれるうえ、美肌を助けるミネラルを豊富に含んでいます。週に1回、洗顔後にとり入れて。

テカリは「ミネラルパウダー」で抑制が可能。皮脂を吸着してくれるため、朝のお手入れの最後に使うと、一日中さらりとした肌が続きます。アーティストのライブでは、前髪の生えぎわや額にこれを塗布しておき、汗や湿気で前髪がペタッとはりつくのを防いでいます。

044

荒木式スキンケアのおすすめアイテム

洗顔

ageLOC® ルミスパ® iOスターター キット 45,224円／ニュースキン　IoT対応の美顔器と専用クレンザーが洗顔を自分に合ったお手入れにし、ハリのある肌に導く。

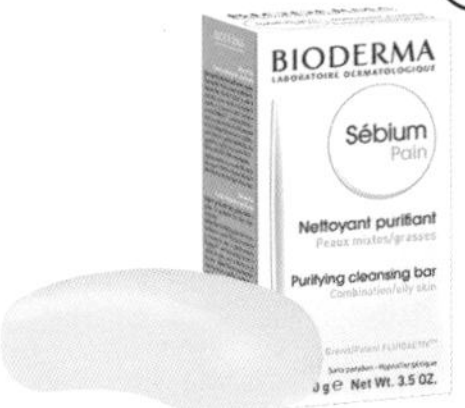

セビウム ピュリファイソープ 100g 1,100円／NAOS JAPAN ビオデルマ　やさしい洗い心地。皮脂バランスを整える成分を含んでおり、さっぱりうるおう。

化粧水＋乳液

リサージ メン スキンメインテナイザー 全3種 130ml 3,300円／カネボウ化粧品　化粧水と乳液の2つの機能を1本でカバー。

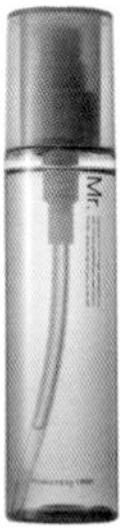

ミスター ローション 150ml 2,200円／オルビス　しっかりうるおうのにベタつきが少なく、スキンケア初心者におすすめの使用感。

化粧水

エクストラマイルド スキン ローション 115ml 4,050円／ニュースキン　低刺激なので、ひげ剃り後の肌にも安心して使える。

フェイシャル トリートメント クリア ローション 160ml 8,800円／SK-II　3種のAHA配合で、肌に残った汚れをおだやかにオフ。

ふきとり化粧水

エーピーローション 200ml 3,080円／IBC　天然美肌温泉水を使った化粧水。毛穴詰まりのオフ、全身の保湿として肌にも髪にも使用可能。

乳液

ニュートリセンシャルズ® デイ ドリーム プロテクティブ ローション 50g 5,117円／ニュースキン　紫外線やブルーライトの肌への負担を軽減。

ミネラルパウダー

メンズベーシック テカリ防止パウダー 8g 2,980円／シーアール・ラボ　メンズにフォーカスした処方で肌のサラサラ感が持続。

クレイパック

アルジタル グリーンクレイペースト 250ml 3,960円／石澤研究所　洗浄成分のグリーンクレイが古い角質による黒ずみなどをオフ。

045

アーティストの顔は「美顔ギア」でつくる

アーティストたちも、365日完璧なイケメンなわけではありません。超多忙な毎日、ときには顔に疲労の影がさすときも。そんなお疲れ顔をイケメンに戻すときに使う秘密兵器が「美顔ギア」。最新技術を搭載したものはもちろん、古典的なツールでさえも、使うと使わないとでは顔の「仕上がり」が変わります。

「美顔ギア」で効率よく顔をマッサージしたり、頭のツボを刺激したりすることで、こりやむくみがとれるので、フェイスラインが引き締まり、目はパッと開いて、表情もいきいき輝きます。

ヘア&メイクの現場では、髪をセットする間にこれらの「美顔ギア」をアーティストの方々に渡して、セルフケアしてもらっています。

メンズの顔印象を引き上げる美顔ギア

パイラナイト 74,800円／リンクス ラジオ波とEMSが作用し、顔と体の引き締めケアができる。お風呂で使えるのも便利。

かたつむりかっさ／荒木私物 先端に2つの突起がついた、かたつむり型のかっさ。ねらった場所をピンポイントにツボ押しできる。

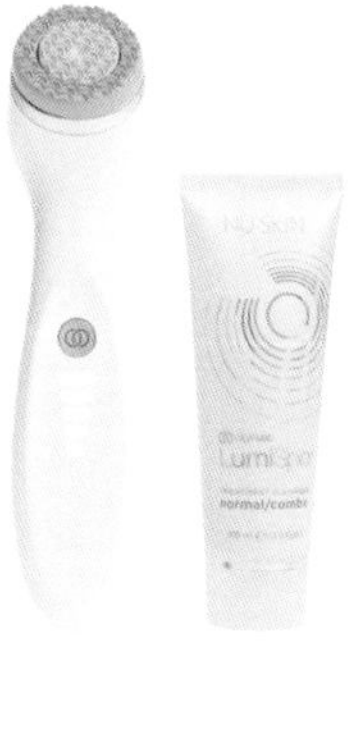

ageLOC® ルミスパ® iOスターター キット 45,224円／ニュースキン 独自設計のヘッドと回転で、なめらかでハリのある肌へ。

046

今日の「UV対策」が5年後の見た目年齢を決める

大人のメンズにぜひ使っていただきたいのが「日焼け止め」。紫外線は肌の大敵。肌老化の原因の8割が紫外線ともいわれるほど。

男の顔に多少シミがあってもいいじゃないか……と思うかもしれませんが、シミがひとつあるだけで、一気に「おじいさん」な印象に見えるもの。さらに、紫外線は大小のシワの発生も招きます。シミやシワは、できてしまってからリカバーするためには、手間も時間もお金もかかる。まずは日焼け止めで紫外線から肌を守ることがマストです。

曇りの日や秋冬も紫外線は意外に強いもの。1年中使うように心がけましょう。今の日焼け止めは塗り心地がよく、洗顔料で落とせるものも多いので、お気に入りの1本を見つけて。

男性も使いやすい日焼け止め

アンテリオス UVプロテクションミスト SPF50・PA++++ 50g 2,750円／ラ ロッシュ ポゼ　こまかいミストで均一に広がりムラなく塗れる。敏感肌のための低刺激設計。

&be UV ミルク SPF50・PA++++ 120g 3,080円／Clue　肌にやさしいノンケミカル処方。クレンジング不要、せっけんでオフできるので日常使いしやすい。

ママバター UVバリアモイストミルク 無香料 SPF50+・PA+++ 50g 2,200円／ビーバイ・イー　天然由来の保湿成分も配合され、乾燥と日焼けの両方の対策ができる。

047

男にも「更年期」がある！ 50歳で肌質が変わる

50歳前後から、男性にも「お肌の曲がり角」が訪れます。肌質が急に変わったり、肌荒れが起きたりするようになるメンズが少なくありません。加齢に加え、ホルモンバランスの変化や乱れが原因に。そう、男性にも更年期障害が起こるのです。

この年代になったら、男性も食事や生活習慣、運動習慣の見直しをすることをおすすめします。さらにサプリなどのインナーケアも加えて、若々しい見た目をサポートしましょう。

大人の男性で最近どうにも体がだるい、気分が落ち込む……ということがあったら、更年期障害を疑ってみてください。人によっては影響は小さくない場合も。病院で治療もできるので、早めに対策を。

インナーケアで見た目の老化対策

the Liposome NMN 5-ALA+ 90カプセル入り オープン価格／メディキューブ　細胞を若々しく維持するNMNの吸収&持続性を高めたサプリ。

ナノ水素水キヨラビ 500ml×30本 10,800円（定期便コース）／KIYORAきくち　たっぷりの水素を含んだ天然水。水をナノ化して吸収率もアップ。

048

男のスキンケアは首までがマスト。「オジサン首」をつくらない

顔はメイクできれいに整えているけれど、首がシワシワ、という女性を見かけることはありませんか？　首は意外と年齢が出る場所。これは男性も同じで、首にシワやたるみが目立つと、オジサン感は隠せません。

この「オジサン首」を防ぐには、毎日のスキンケア時に、顔といっしょに首まで保湿をすることが重要。首の皮膚は薄く、顔の約3分の2の厚さしかないといわれています。皮脂量も少ないので、シワができやすいのです。そのため、しっかりと保湿する必要があります。

また、首にも日焼け止めを塗ることを忘れずに。見落としがちな首の後ろもしっかりカバーを。シャツからのぞく首元を若々しく保って。

MEN'S
LOGICAL
BEAUTY

PART 4

メイク

MAKE-UP

PART 4

バレない「荒木式メンズメイク」で顔コンプレックスを解消

大人の男性にとって、「メイク」は大きな武器になります。メイクは、肌コンディションや顔立ちを理想に近づける手段。マイナス印象をカバーし、プラスの印象を加える、ロジカルな戦略です。ビジネスにおいても、もちろん対女性という意味でも、見た目を理想に近づけて、好印象を得ることは間違いなく大きなアドバンテージというのが事実です。ただ、メイクをしていることが他人にバレたら恥ずかしい、という男性もまだまだ多いでしょう。そんな殿方に、誰にもバレずに、ごく自然にイケメン度を上げる「荒木式メンズメイク」をお教えします。

アーティストやタレントの男性が表舞台に立つ際には、ほぼ必ずメイクをしますが、私が施すメイクは最小限。肌を整え、男性らしさを自然に引き立てる程度です。それでも効果は絶大。ほおのシミがひとつ隠れるだけで若返る。目の縁に隠しアイラインを引くだけで目力が出る。実例写真でも変化は明瞭ですが、実際に印象がどれだけ変わるかは、ぜひ、あなたのお顔で試して実感してみてください。ご自身のイケメンポテンシャルの高さに驚くはずですよ!

049

肌のノイズは
ファンデーションではなく
「コンシーラー」で隠す

男性の肌には、「隠すべきもの」が多くあります。毛穴、ひげ剃り跡、シミ、目の下のクマなど。これらはすべて、マイナスな印象を与える「肌ノイズ」。目立つものはベースメイクで隠すのが得策。

「荒木式メンズメイク」では、主に「コンシーラー」を使います。油分が多く、カバー力が高い部分用のファンデーションです。ねらった部分だけ隠せるので、顔全面にファンデーションを塗るより自然に仕上がります。

「コンシーラー」は2色必要。アラを濃色で打ち消し、周囲に肌に近い色をのせ、境目をぼかしてグラデーションにする。この方法なら、濃いシミでも目立たずしっかり隠せるのです。どこまで自然に隠せるのか、左のページでお見せします！

大きなシミもコンシーラーで隠せる

BEFORE

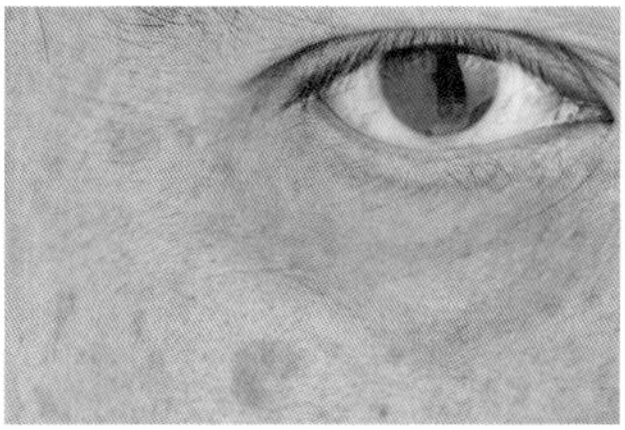

AFTER

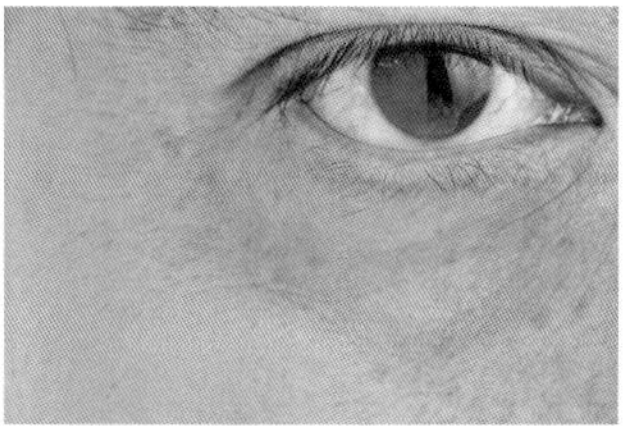

PROCESS

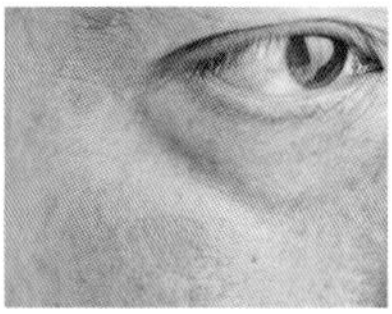

1

素肌よりかなり濃いブラウンのコンシーラーを、シミにのせる。塗布する範囲は、シミより少し大きめが◎。

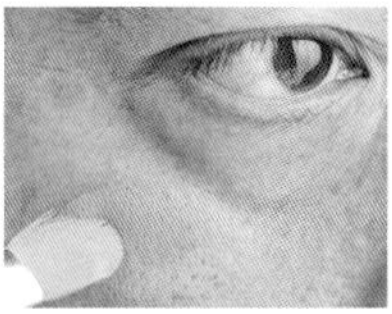

2

自分の肌に近い色のコンシーラーを、1を縁どるようにのせる。ブラシで2色の境目を少しずつまぜていく。

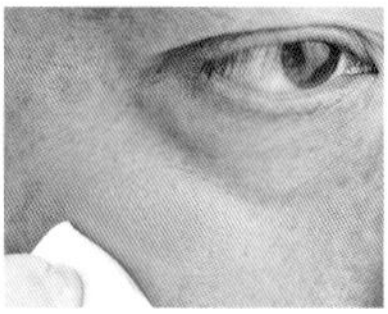

3

2で塗ったコンシーラーと素肌の境界をなじませる。スポンジの角でトントンとやさしくたたいてぼかすといい。

荒木のおすすめ

スキンリフレクト フレッシュ コンシーラー 003 4,950円／ADDICTION BEAUTY　肌になじみやすいベージュや濃いブラウン系、オレンジ寄りのカラーなどメンズに必要な色がそろう。

050

青いひげ剃り跡は「オレンジのコンシーラー」でなかったことに

ひげが濃く、剃っても青みが残る。手入れしてない感を与えてしまうこの「肌ノイズ」も、「コンシーラー」でうまく隠すことができます。

ひげの剃り跡が青いのは、皮膚の中のひげが透けて見えるから。この青みを隠すのに強い味方になってくれるのが「オレンジのコンシーラー」。オレンジは青の補色ですから、青を打ち消してくれるのです。125ページの商品のような、パレットタイプのコンシーラーを、やや大きめのブラシでつけてください。広範囲の青みもあっという間に消せます。

最新のシェーバーを使い、ていねいにひげを剃ることもお忘れなく。今後ひげを生やすことはないだろう、という人は、近年料金がぐっと手ごろになった永久脱毛という選択肢も視野に。

ひげ剃り跡を隠して清潔感のある肌へ

BEFORE

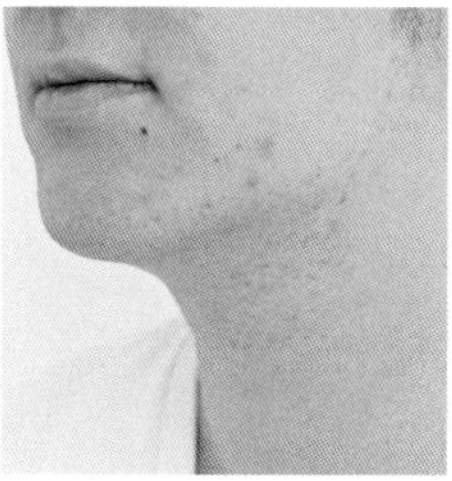

AFTER

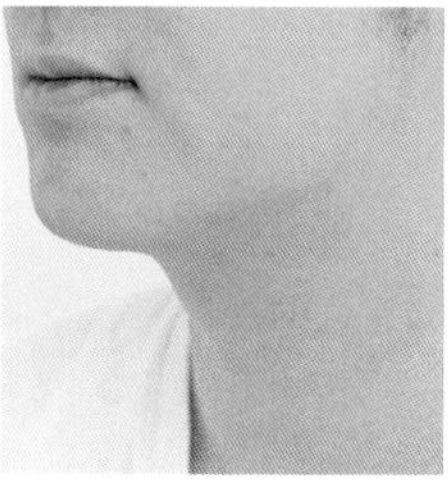

PROCESS

1

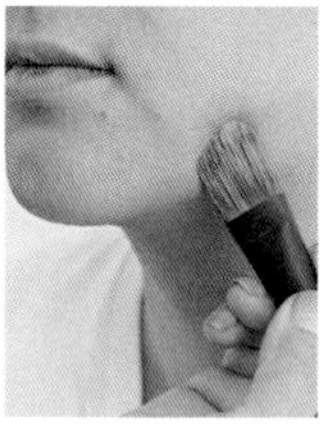

オレンジ系の濃色のコンシーラーを、ファンデーション用の筆で、ひげ剃り跡より広めの範囲にのせる。

2

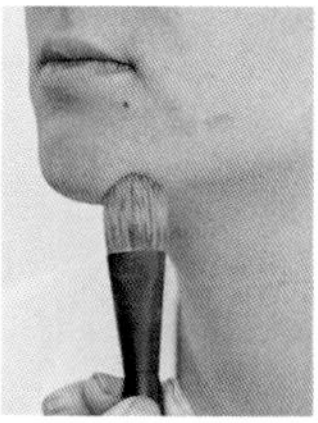

肌に近い色のコンシーラーで1を囲む。筆で境目を軽くぼかす。2色をまぜすぎないこと。

3

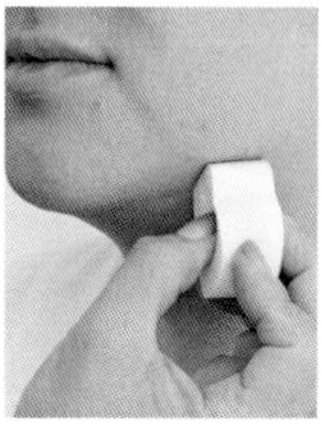

メイクスポンジを使い、2で塗ったコンシーラーの周囲を素肌となじませる。こすらずに軽くたたいてぼかす。

4

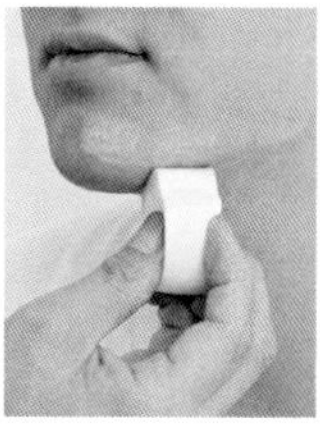

138ページのメイクの仕上げ用のパウダーをコンシーラーに重ね、スポンジでなじませ、落ちにくくする。

051

男がファンデーションを塗るなら「筆」を使うべし

アラを隠すだけでなく、顔色を健康的に見せたい、肌全体をもう1段階美しく見せたい、というメンズは、「ファンデーション」に挑戦を。液体状の「リキッドファンデーション」や、ファンデーションとほぼ同じ機能をもつ「BBクリーム」なら、のばしやすく、自然に仕上がります。

「荒木式メンズメイク」では、ファンデーション類の塗布には「ファンデーション用の筆」を使います。塗る際の鉄則は、少量を薄くのばすこと。これには慣れが必要ですが、筆を使えば、簡単。メンズ特有の毛穴の大きな凹凸にもファンデを入れ込むことができ、ムラなくのばすことが可能なのです。

ファンデーションを顔全面に均一に塗るのはNG。顔の中心だけにつけ、筆で周囲にのばして。

ファンデーションは顔の中心にだけ筆で塗る

PROCESS

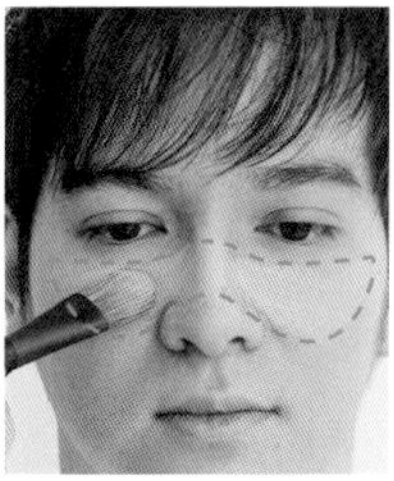

1

手の甲にファンデーションを出す。そこから少量を筆でとり、左右の目の下に、鼻筋をまたいでのせる。

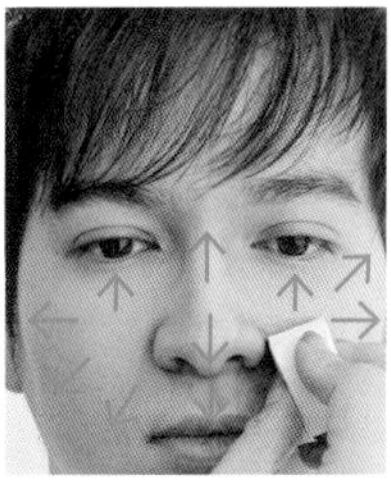

2

肌にのせたらスポンジでなじませる。顔の中心から放射状に広げるように、トントンと軽くたたきのばす。

3

ファンデーションは輪郭ギリギリまでは塗らない。両目の外側くらいまでなじめば、肌の印象は十分きれいに。

荒木のおすすめ

BRS リキッドブラシ 2,750円／USUI BRUSH　なめらかな塗り心地で、メイク初心者でもファンデーションがムラなくきれいに塗れる。

052

中年太りは「シェーディング」で引き締められる

大人の男性の、体重増加やむくみなどで大きくなった顔をすっきり見せる効果があるのが「シェーディング」。肌より暗い影色のパウダーを塗り、コントラストで顔を一回り小さく見せるテクニック。「荒木式メンズメイク」では、「シェーディング」は、光が当たったときにできる陰影の位置に入れます。顔の横幅を縮めたいなら、もみあげを延長するように入れる。もたつくアゴをシャープに見せたいなら、アゴの骨の裏をなぞるように塗る。これなら塗っていることがバレません。

シェーディング用のコスメも存在しますが、メイク初心者のメンズには、肌よりやや濃色の「ファンデーション」が肌なじみがよくおすすめです。少量を129ページのような筆にとり、さっとのばして。

ここに入れる！

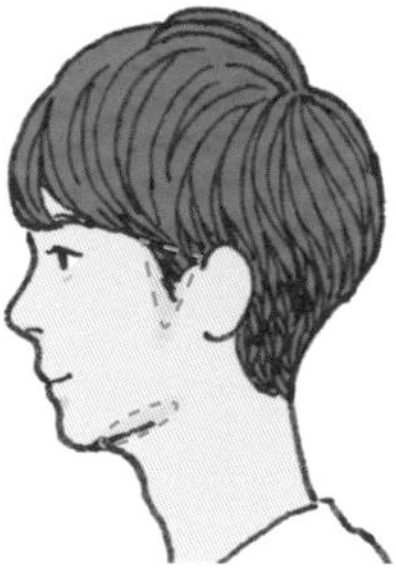

もみあげを一回り大きくするように囲む。アゴの骨の下をなぞって影を強調する。この2カ所だけで、顔がシュッと引き締まる。

ザ グロウ パウダー ファンデーション 008 SPF21・PA++ 3,850円／ADDICTION BEAUTY
透明感のある色づきなため、素肌になじみやすい。

053

男の肌を知りつくした「荒木尚子ブランド」のファンデなら失敗しない

初めて「ファンデーション」を使うメンズには、私が手がけているジェンダーレスなコスメブランド「Evossée（エヴォセ）」のアイテムをおすすめします。

ヘア＆メイクの仕事中に感じていた「撮影が長時間になると顔が疲れてくる」という現象を防ぐアイテムがほしい、というのが商品開発のきっかけ。リフトアップ効果のあるトルマリンのパウダーを配合し、顔の中央から外側に引き上げるように塗ると、一日中いきいきした印象が持続します。

また、複数の保湿成分も配合しているため、マスク下の乾燥対策にも有効。肌に負担をかける成分を極力カットしているので、メイク慣れしていない男性にも心地よい使用感になっています。

高機能で一日中「美肌」を持続

Évossée リポジショニング アンダーベース 6,300円／オクトーブル　薄くのばせば、色味補正効果のあるメイク下地に。重ね塗りで肌のアラをカバーするファンデーションとして使用可能。

PROCESS

顔のリフトアップをねらう場合は、目頭からこめかみ、小鼻から目尻、口角から耳前へと引き上げるように塗る。最後に、アゴから耳へ引き上げる。129ページの使い方でももちろんOK。

054

目尻にだけ「まつ毛カーラー」をかけると目力150%に！

もう少し目力がほしい、という男性に、バレないのに効果絶大な、「メイク未満」のテクニックをお教えします。雑誌などの撮影で、男性をごくナチュラルに、しかしパッと魅力的に見せたいときに使う必殺技です。

用意するのは、女性がマスカラを塗る前に使う「まつ毛カーラー」。これで目尻のまつ毛をカールアップさせるだけ。たったそれだけで、左ページの写真で見るとおわかりのように、目が一回り大きく見え、ぼんやりした目元がシュッとした印象に激変します。まぶたがたるんで下がってきた大人の男性に特におすすめです。

部分用のカーラーを使うのがコツ。目尻のまつ毛だけをピンポイントでカールできます。

目力がアップする目尻まつ毛のカール

AFTER

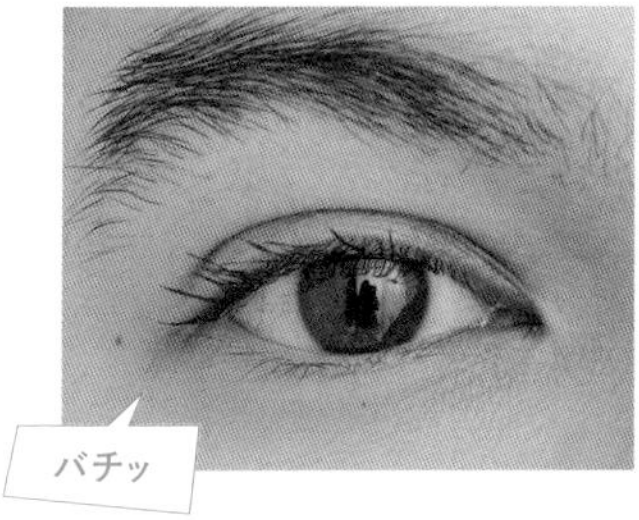

←

BEFORE

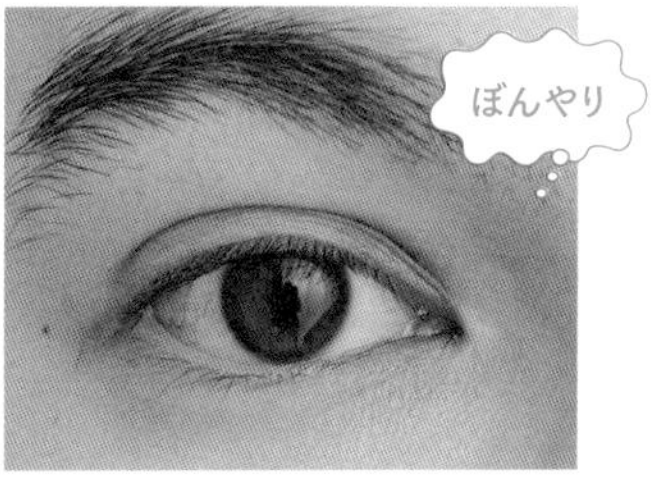

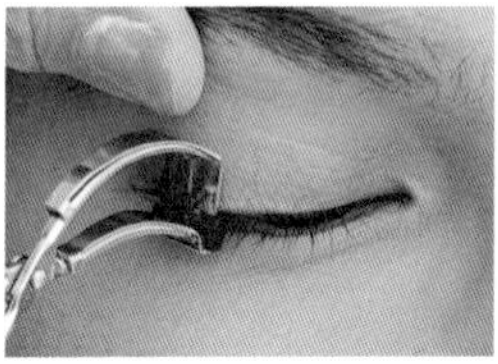

PROCESS

上まぶたの目尻のまつ毛をカーラーではさむ。指でまぶたを軽く引き上げて、根元→中間→毛先の順で少しずつカールさせる。

荒木のおすすめ

ミニアイラッシュカーラー 215 880円／資生堂　幅が狭い部分用。目尻だけをカールさせるのにちょうどいい。

055

「隠しアイライン」と「目尻だけマスカラ」で目をセルフ整形

目が小さい、細い、キツく見えると悩んでいるメンズは、バレない最小限のメイクで、目の輪郭を補正しましょう。使うのは「アイライナー」と「マスカラ」。135ページと同様、目尻にだけ使用し、まつ毛の影を強調する程度にとどめることで、メイクしてる感を感じさせません。

影のようなグレーとブラウンの中間の色のアイライナーで、目尻に極細の「隠しアイライン」を引き、キレ長の色っぽい目に整え、目尻にだけ「マスカラ」をつけて、パチッとした大きさや、色っぽい陰影も演出します。

「マスカラ」を使う場合は、135ページの「まつ毛カーラー」は省いて。やりすぎにならず、自然に仕上がります。

目元が引き締まる最小アイメイク

AFTER

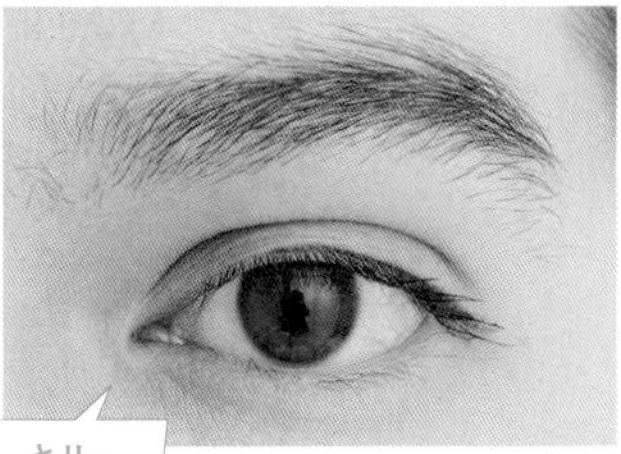

キリッ

BEFORE

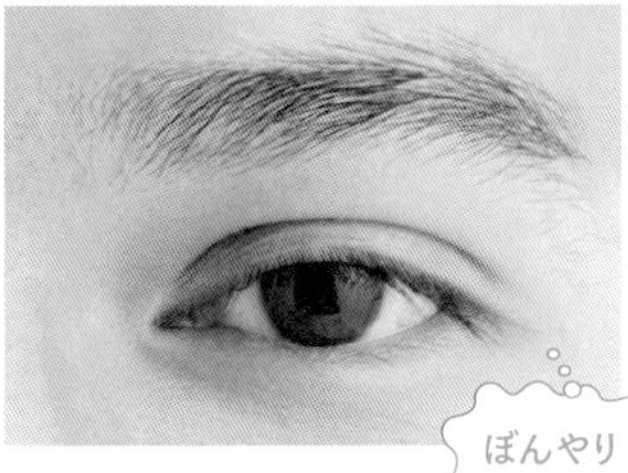

ぼんやり

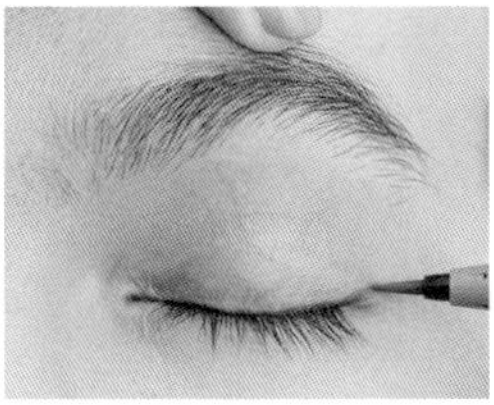

PROCESS

黒目の外側から目尻にかけて、まつ毛の生えぎわギリギリにアイライナーで極細の線を引く。マスカラは目尻にだけ、まつ毛を持ち上げずに塗る。

荒木のおすすめ

〈右〉ラブ・ライナー リキッドアイライナー R4 モカグレージュ 1,760円／msh　まるでまつ毛の影のような色。〈左〉インテグレート マツイクガールズラッシュ おてんばカール BK999 1,320円／資生堂　上げたまつ毛をキープ。

056

メイクの最後に「ステージ用パウダー」をつけマスクへの付着を防ぐ

ファンデーションなどが落ちて、メイクをしていることがバレたら困る。そんなメンズの心配は、「ステージ用パウダー」を使えば解消されます。

使うのはダンサーや役者がステージメイクの最後の仕上げに使うパウダー。皮脂や汗に強い粉で、メイクをコーティングし、耐久性を高めてくれます。強い照明の下で激しく動いてもメイクがくずれないのは、この粉のおかげ、ライブメイクには欠かせない逸品です。表面がサラサラになるので、マスクにメイクが付着することも防いでくれます。

フィニッシングパウダー マット クリア 30g（パフ別売）1,320円／チャコット ステージメイクで使用される、汗や皮脂に強い処方。

MEN'S
LOGICAL
BEAUTY

PART 5

知識

KNOWLEDGE

PART 5

美・容・知・識・で見た目に差をつける

イケメンになるには「知識」が重要です。男性は、本来伸ばせるはずのご自身の「美」の伸びしろを伸ばしきれていない方がほとんど。それは、美容の「知識」がなく、実際何をやっていいかがわからないから。それ以前に、ご自身のどこに伸びしろがあるかという「知識」すらもっていない方が多いのです。

たとえば、女性たちが「口紅を塗ったほうが顔が華やぐ」「眉を描いたほうが顔がはっきりする」「髪はまとまりがよくツヤがあったほうが美しい」という知識をもっていないとしたら？　かなり残念であるのはおわかりですよね。その状態でい続けているのが、一般的な男性なのです。なんてもったいない！

イケメンに必要なのは、正しい「知識」。たとえば、顔周りの毛の手入れ。男性は40代以降、鼻毛や耳毛が一部長く伸びやすくなるということをご存じでしょうか？　この「知識」があれば気にかけてケアができますが、なければスルーしてしまい、いつのまにか「オジサン顔」に。「知識」の有無で、意識が変わる、対策できる。これが、美容の「知識」を身につけるメリットです。正しい「知識」をもとに最適な対策を積み上げるだけで、年齢を重ねるほど、周囲とのイケメン度に大きな差が出てくるはずです。

057

大人の男は「ひげ」で色気を出せる

年齢を重ね、「見た目の方向性」に悩み始めた大人の男性は、ひげを生やすことを選択肢のひとつに。ひげは大人にこそ似合うもの。大人ならではの色気を漂わせられるパーツでもあります。

ただし、整え方を間違うと、特に女性からはマイナスな印象をもたれかねません。モテるひげの条件は、「清潔感」と「似合っているか」の2つ。清潔感は、長さと範囲がポイントに。ひげは長くなるほどチリチリするので、トリマーで短めに整えて。範囲は広すぎないほうがベター。特に下アゴは要注意。アゴのくぼみから指1本手前の位置を基準に、それより首側に生えるひげは清潔感をそこないます。

また、顔の骨格や雰囲気で似合うひげのデザインが変わります。144ページからをご参考に。

清潔感と色気を出すひげの鉄則

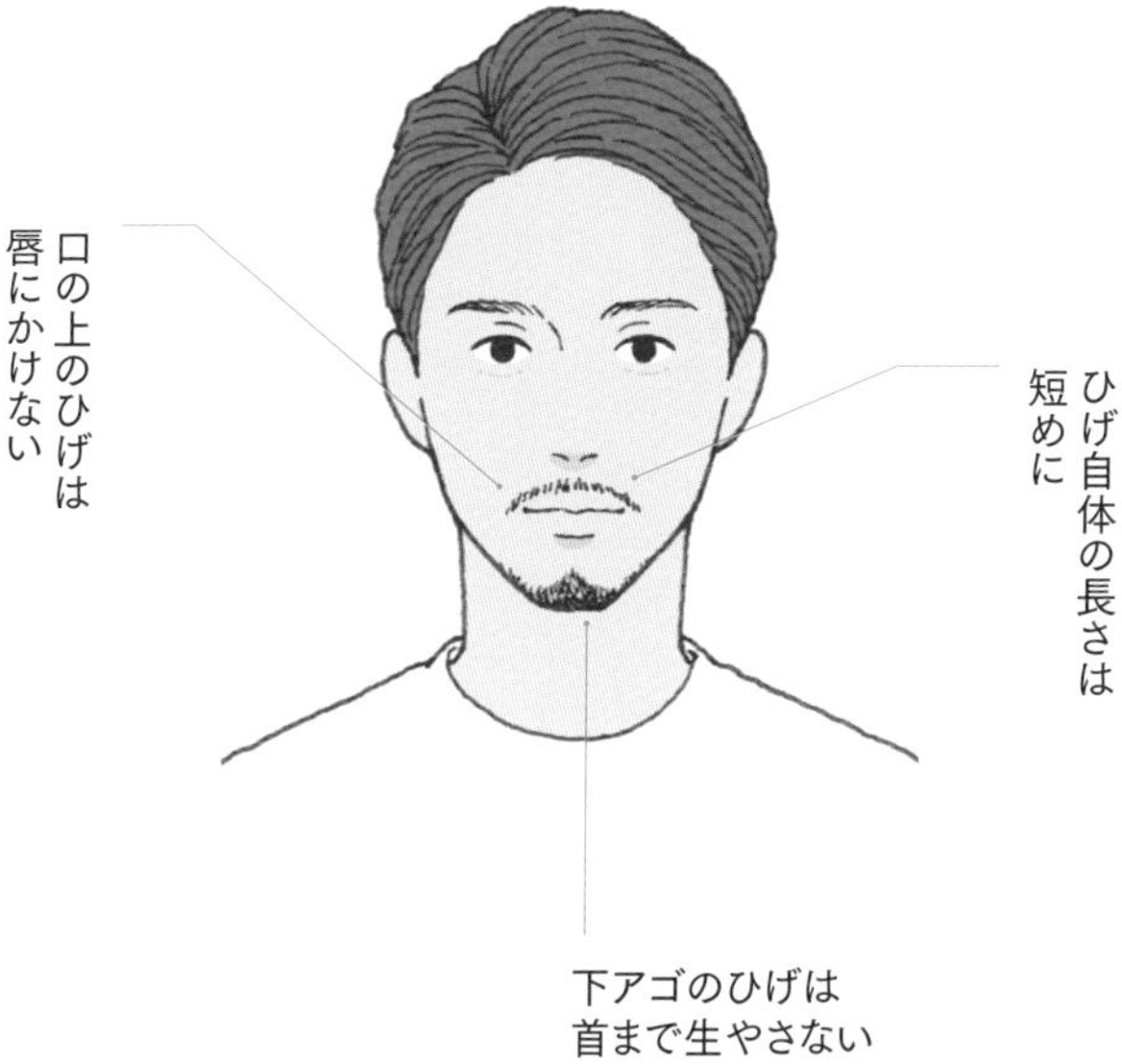
口の上のひげは唇にかけない
ひげ自体の長さは短めに
下アゴのひげは
首まで生やさない

ヒゲトリマー ER-GB74-S オープン価格／パナソニック　ひげの長さを1〜10㎜まで0.5㎜刻みで調整可能。ラインを整えるナロートリマーもあり、繊細な手入れを実現。

058

顔タイプ別 おすすめひげデザイン

丸顔

下アゴのみに、小さな三角形をつくるように生やす。ひげによってアゴ先がシャープに見え、丸い顔が引き締まった印象になる。

童顔

コンチネンタルと呼ばれる口の上と下アゴの両方に生やしたひげ。ひげ面積を適度に広くしたほうが、全体の雰囲気が大人っぽくなる。

塩顔

口の上にだけ生やす。日本人は人中《じんちゅう》（鼻の下の溝）のひげがあまり生えないので、モテないナマズひげにならないように眉パウダーで埋めるとよい。

エラ張り

口の周りをぐるっと囲むスタイルのひげ。エラ張りのように、顔の輪郭が角ばったタイプは、ワイルドなひげが似合いやすい。

059

1本でオジサン化する「鼻毛」「耳毛」を40代からは自覚する

メンズの加齢現象のひとつに、ムダ毛が長く伸び続ける、ということがあります。22ページで「眉のアホ毛」に言及しましたが、老化による毛周期の乱れにより、同様に「鼻毛」や「耳毛」も部分的に長く濃くなることがあります。

自分で気づきにくいため、周囲の人に指摘される前に先手を打ったケアを。定期的にエチケットカッターなどで処理し、鏡でチェックする習慣もつけましょう。老化でムダ毛が伸びる、ということを知っているだけで、見た目に大きな差がつきます。

ノーズエチケットカッター2,970円（編集部調べ）／フィリップス・サポートセンター　保護ガードつきで安心&快適な鼻毛処理を実現。耳毛、眉毛、ひげにも。

060

大人の男性特有のにおいの発生源は頭と首筋

男性の40代は、「におい」のピーク。しかも、この時期に発生する主たる成分のにおいは、周囲の人、特に女性が察知しやすいといわれています。

10代から30代までは、すっぱい汗のにおいが中心。40代にさしかかると古い油のようなにおい、そして50代以降は枯れ草のような加齢臭へと、年代によって強く出るにおいが変化していきます。40代に強くなる古い油のようなにおいの原因は、ジアセチルという物質。頭やえり足の汗に含まれる乳酸が、頭皮の常在菌によって分解されて発生するもの。だから枕のにおいが気になる人が多いのです。

対策としては、枕カバーを毎日かえてにおいの成分を残さない、えり足をマメにふく、90～95ページで紹介した頭皮ケアをしっかりすることです。

061

好印象を与えるきっかけは「爪」にある

清潔感のある人と思われたいというメンズは、今日から「爪」のお手入れを始めてください。「爪」は意外なほど人から見られているパーツ。特にビジネスシーンでは、名刺交換や打ち合わせの間、相手の目に入り続けるため、きちんと整えられているかどうかで印象が大きく変わります。起業家や企業の役員などは、男性でもネイルサロンに通うのが常識になっているほど。

ポイントは、爪の周辺に白っぽい角質が目立つかどうか。爪切りと同時に、ムダな角質を除くケアを。たった数分でできるのでやらない手はありません。爪の中に汚れをためないよう洗うこと、ハンドクリームなどで手や指、爪をカサつかせないことも忘れずに。目立つ指毛もカットすればベスト。

週1回はツメの角質ケアを

甘皮ケアスティック／荒木私物 スティックにリムーバーをしみ込ませたタイプ。

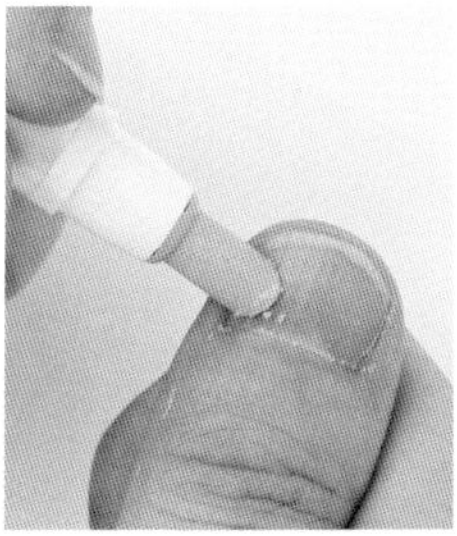

爪に角質除去剤（キューティクルリムーバー）を塗ってから、専用のスティックで爪のをこすると、余分な爪の角質（甘皮）を除去できる。リムーバーがにじみ出てくるスティックタイプだと便利。爪周辺のこわばった角質は、リムーバーを塗り、爪やすりで削る。

ツヤ出し

BRO. FOR MEN Nail Coat Glossy Clear 4ml 1,408円／chez moi 自然なツヤで清潔感のある爪に仕上がるコート剤。

保湿

OPI プロスパ ネイル&キューティクルオイル 8.6ml 2,090円／HFCプレステージジャパン 天然由来のオイルが乾燥から守る。

保湿

ビオオイル ローズ&アルガン タッチオイル 10ml 1,980円／メルヴィータジャポン ロールオン型の万能オイル。爪の保湿にも。

062

寝ている間に美肌・美髪をつくる「睡眠技術」

イケメン度を上げたいなら、睡眠は重要。細胞を修復し、肌のハリを保つなどの働きをもつ成長ホルモンは、睡眠不足だと分泌量が減少するからです。

十分な睡眠時間を確保するのが難しい大人の男性は、質のいい睡眠をとる工夫を。就寝前のスマホ使用はブルーライトによる脳の興奮を招くので控えて。体温が下がるときに入眠しやすくなる体のしくみを利用し、寝る前に入浴し、体温が下がるころベッドに入るのも手。

体の回復力をサポートする機能のあるアイテムをとり入れるのもおすすめです。短時間でも効率よくコンディションを整えられます。リラックス感がほしい撮影のヘア&メイク時に使う便利なアイテムをご紹介します。

最新技術搭載アイテムで効率よく体をほぐす

リカバリークロス＋
11,000円／ベネクスナノプラチナなどの鉱物を練り込んだ特殊繊維が運動後や睡眠時など、リラックスタイムをサポート。ブランケットタイプなので、マルチに使用可能。

メタックスローション 120ml
1,430円／ファイテン　金属をナノレベルで水中に分散させたメタックス成分を配合した、全身につけるローション。マッサージや美肌のサポートに。

063

コンプレックスは「美容医療」で消し去る

薄毛やムダ毛、ニキビやシミなどの肌トラブル、におい……もしそうしたことに悩んでいるのであれば、「美容医療」の助けを借りることも視野に入れてみましょう。今は左ページのようにさまざまなメニューがあり、料金も気軽に受けやすくなってきています。脱毛サロンなどではすでに女性より男性が多いところも。

男性が美容医療を受けるメリットは、まず日ごろの手入れの手間を省けるということ。そして、見た目や印象をよりよくすることで、コンプレックスが解消できるということも、大きなメリット。ささいに思える悩みも、解消したほうがその後の人生の質は向上します。自分で解消できない悩みは、専門家や技術に頼ることも選択肢に。

美容医療でこんなことができる

ひげ脱毛	レーザー機器を用いて毛根などを刺激し、脱毛効果を得る。ひげ剃りの手間を省きたい、青ひげを薄くしたい人向き。
全身脱毛	ひげと同様の方法でおこなう体毛の脱毛。腕やすねの毛が薄くなることで、清潔感アップが期待できる。
ニキビ肌治療	レーザーや光治療、ピーリングなどでニキビや炎症の跡を改善。繰り返すニキビには、皮脂腺を破壊する根本治療もある。
毛穴ケア	毛穴に詰まる古い角質をとるピーリングや毛穴を引き締める熱治療など、毛穴悩みに合わせた治療方法がある。
シミ・ホクロとり	コンシーラーでうまく隠せず、目立つのが気になるシミやホクロの除去が可能。光治療やレーザー治療をおこなう場合が多い。
シワ・たるみ改善	ヒアルロン酸などの有効成分を直接注射する方法や、熱治療などのメスを入れない方法でシワやたるみを軽減できる。
薄毛・AGA治療	内服薬で男性ホルモンを抑制したり、頭皮に成長因子を注射して細胞を活性化させたり、薄毛の原因に合わせて治療。
痩身	医師監修のもとの食生活改善、痩身機器や脂肪溶解注射、漢方の服用など、医療の視点で効果的なダイエットを目指せる。
汗治療	汗のもととなる汗腺を針で刺して破壊したり、切開したりして除去する治療。汗の分泌量をおさえるボトックス注射もある。

064

今から始めるケアで「アフターマスク」の顔に差が出る

ほうれい線は深く、ほおが垂れ下がり、アゴのラインが丸くなる。今、マスクの中のメンズの顔が大変なことになっています。

常時マスクをつけることで、耳周りに負荷がかかり、血液やリンパの流れが滞る。首周りまで太くパンパンに。口元が隠れているため顔に緊張感がなくなり、表情筋も使われなくなる。アフターマスク生活を視野に入れなければならない今、コロナ老けした顔も徐々に戻さなければなりません。

そのためには、105ページのマッサージを習慣化すること。また、マスクをしていても、意識的に表情をつくるようにしておきましょう。マスク後の顔に差がつくはずです。

MEN'S
LOGICAL
BEAUTY

PART 6

自己プロデュース

SELF-
PRODUCE

PART 6 自分のトータルプロデューサーは自分自身

イケメンになりたいと思うメンズは、自分は自分のトータルプロデューサーである、と考えてみてください。

もしこの男性（あなた）に、次の会議でプレゼンを成功させなければならないとしたら、どんな髪型、どんな服装で向かわせますか？家族でレストランに食事に行って、妻や子どもにすてきといわせたいとしたら？

プロデューサー目線で客観的に見れば、彼（あなたです）に必要な方向性が見えてきます。見た目だけでなく、ふるまい方や言葉づかいまで、はっきりとイメージできるのではないでしょうか。イケメンになるには、それを自分で実行すればいいのです。

そして、少し客観的になることで、美容なんてめんどくさい、よくわからないから楽しくない、どうせ自分が頑張っても変わらない……という気持ちから解放され、あれこれ戦略を練ってみよう、やってみよう、楽しもうという姿勢に切り替えられるのではないでしょうか。

まずはプロデューサーとして、自分自身に、イケメンになることへの抵抗感を捨てさせることからスタートしましょう。自分自身の新しいイメージをつくるのです！

065

まず捨てるべきは「自分はイケメンじゃない」という思い込み

イケメンは生まれたときからイケメンだから、美容を頑張れば効果もあるけれど、自分がやってもムダなんじゃないか、と思う男性も多いかもしれません。でも実は、私がヘア&メイクを担当させていただいてきたイケメンたちの中には、デビュー当時はごく普通の男性だった、という方も少なくないのです。どんどんイケメンになっていくメンズは、客観的な判断やアドバイスを柔軟に受け入れていく方が多いですね。

若いアーティストで、当初、ヘア&メイクをされること自体に激しい抵抗感を示された方もいました。「ロックにヘア&メイクなんて必要ない!」と、家から来たままでステージに。しかし、舞台でマイクやアンプにふれると、静電気が起こり、素の髪のままでにはアホ毛がばーっと立つのです。アーティストとして、どちらが正解か。ライブ映像や写真を見て、その方は、自主的にヘア＆メイクをしに来てくださるようになりました。

現実を見て、今の自分に何が必要か不要かのジャッジができる。周囲のアドバイスに柔軟に対応できる。そうした方は、イケメンオーラが日を追うごとに、年を重ねるごとに増していきます。

この本を読んでくださっている方も、「これは自分には不要」「自分には無理」と最初にジャッジせず、何かひとつでもトライしてみてください。「自分はイケメンじゃないから美容なんて必要ない」という思い込みを捨てることがいちばん重要です。

066

「まず1回やってみる」その差は大きい

イケメンになる唯一の条件は、「得た美容知識を実行に移してみること」だと私は思います。男性は美容に関しては消極的な方が多いですが、それは成功体験が少ないから。しかし、成功体験がないのは、トライしたことすらないからではないでしょうか。まだ、やってないだけ。

まず、髪のスタイリングでもスキンケアでもメイクでも、この本に載っている美容法で気になったものを何かひとつ試してみてください。「荒木式」の美容法は、私が長年のメンズヘア&メイクの現場で得た経験から導き出したもの。簡単ですが、確固たる根拠があり、間違いなく効果が出ます。特に今まで美容法に疎かったメンズほど、効果が感じられるはずです。

そして、手入れした状態をしばらくキープしてみてください。きっと反応があるはずです。直接的にほめられることもあれば、初対面のクライアントの反応がいい、SNSのいいねがひとつ増えるなど、感覚的に周囲からの評価を感じることもあるでしょう。そうやって、毎日成功体験を積み上げていくと、美容に対するモチベーションもぐんぐん高まり、自動的にさらにカッコよくなっていくのです。

たったひとつの、1日3分あればすむことでも、やるのとやらないのとでは大きな違いがある。最初の一歩を踏み出すかどうかが、イケメンになれるかどうかの大きな分かれ目になるのです。

067

見た目を「間違う」のは鏡が近すぎるから

見た目が少しもったいないなと思うメンズに共通するのは、ご自身を「引き」で見ていないということ。具体的には、鏡を見る距離が近すぎるのです。

人が人を見るとき、ほとんどの場合、全身で見ます。ですから、髪や眉を整えるときも、近くで鏡を見るだけでなく、途中で距離を離してみる。顔全体ではどうか、横から見たらどうか、服とのバランスは、などの全体像を把握することが重要なのです。

タレントさんの卵などには、撮影現場で「ここの毛先はもっとハネさせて」と細部のオーダーに熱を入れる方も。そんなときは、1回カメラで写してみましょうと提案します。「引き」で客観的に見ると、意外とよかった、となることがほとんど。写真で全身を撮って確認するのもおすすめです。

068

「顔」と「髪」の掛け算でイケメン度は上げられる

周囲に、もともとの顔立ちが整っているわけでもないのに、やけにモテる男性はいないでしょうか？その方は間違いなく、「顔」と「髪」の両方にそれなりに手をかけているはず。

イケメンは、「顔」と「髪」の掛け算で成り立ちます。男性は、どちらかに注力しがちな方が多いですが、先ほども申し上げたように、人は人をトータルの印象で見るもの。特に男性は、女性に比べても「引き」で見た雰囲気がとても大事なのです。「髪」と「顔」の両方がパーフェクトである必要はありません。どちらもそれなりに整えてさえいれば、男性は魅力的に見え、多少のマイナスはカバーできます。悩みをうまく隠すためにも、髪と顔を含めた全体のバランスを見ることが大切です。

069

「いちばんモテたときの自分」をリセットする

いくつになっても「モテたい」と考える男性は多いもの。そこで陥りがちなのが、若いころの、いちばんモテたときのままでいようとする、という間違い。眉の整え方も髪型も服装も、当時のスタイルを死守する。当然ですが、時代は移り変わります。どんなイケメンであっても、10年、20年前のままでは、古くさく見えてあたりまえ。過去の栄光をいさぎよくリセットし、アップデートすることが必要です。

まず今、どんな男性がイケてるとされるのかという「知識」を集めましょう。テレビや雑誌を見る、街ゆく男性を観察する。そして、今のご自身にも目を向けて。現在の顔や髪、体型が、どう料理したら、今イケてるとされる雰囲気に近づくかを検討。そこから新しい「モテ期」が始まるのです。

070

「オーディエンス」の力を借りる

いつでもカッコよく輝き続けるアーティストたち。その原動力のひとつは、ファンの方からの応援であると、私は思っています。舞台で歓声を浴びて、彼らがさらに輝く瞬間を何百回となく見てきました。これと同じ現象は、一般の男性にも起こりえます。男性はほめられるとさらに頑張り、力を伸ばしていけるもの。ぜひ、パートナーなどの周囲の女性に、応援に協力してもらってください。

「髪型変えてみたんだけど、よくない?」「デニムを今っぽいものに変えたいから、アドバイスして」と意見を求めて。身近な男性がカッコよくなってうれしくない女性はいませんから、頑張りを見せるほどに応援してくれるはず。耳に痛い意見も客観的評価と受け止めれば、イケメン化の大きな後押しに。

071

イケメンと一般人の違いは「目力」

イケメンと呼ばれるアーティストやタレントの男性が、一般の方と大きく違うと私が思う点は、「目力」の強さ。「目力」が強いと、顔の印象そのものがはっきりし、人の記憶に残りやすくなる。男性らしさもかもし出せる。「目力」はイケメンというイメージ形成に欠かせないものなのです。

この「目力」は、この本でお伝えしてきた眉の手入れや目元のバレないメイク、あるいはスキンケアでつくり出すことができます。トライして損はありません。

年齢を重ねると眉やまつ毛が薄くなったり、まぶたがたるんだり、どうしても「目力」が弱まってしまうもの。最近カッコいいといわれることが少なくなったと思う大人の男性は、「目力」を上げる工夫を。

072

男性アーティストやタレントはなぜ老けないか

10年、20年とキャリアを重ねても、ますます魅力的になっていく男性アーティストやタレントの方たち。なぜ彼らは老けないのでしょうか？

今どきの若いメンズのように、四六時中美顔器を使ったり、ふだんから自分でメイクをしたりというわけではありません。ただ、日ごろのベーシックなケアに意識をもっているというだけ。スキンケアやヘアケア、食事や運動。ただそれだけでも、意識があるとないとでは、年月を経るごとに、イケメン度に差が出るのです。

アーティストやタレントは、いつまでもカッコよくあることを求められる立場。それを理解したうえでの行動の積み重ねが、今の魅力につながっているのです。

073

自分の魅力を生かせる「キャラ設定」をする

イケメンといっても、その魅力は十人十色。たとえば人気のバンドやアイドルのグループは、メンバーそれぞれの個性がきわ立っているもの。クールなキャラもいれば、親しみやすい雰囲気の人もいる。持ち前の個性を生かした結果、周囲とかぶらず、それぞれがイキイキと輝くのです。

ですから、みんながみんな、同じようなイケメンを目指す必要はないのです。男性的な顔立ちの人は、中性的なアイドルのようなかわいらしさを目指すより、やはり男らしさを生かしたほうが得策。ひげを生やしたり、シブい路線でいくとハマる。逆に、顔や髪型は男性的なのに服はかわいい、といったギャップねらいもアリ。もし自分がグループのメンバーなら何キャラ?と考えるのもいいかもしれませんね。

074

女性は男性のシチュエーションに合わせた「想定外の変化」に弱い

女性は男性の「想定外なカッコよさ」に弱いもの。男性は自分のスタイルを変えない人が多いですが、それはかなりソン。行く場所や会う相手に合わせて、髪型や服装を少しアレンジしてみてください。誕生日祝いにレストランへ行くなら、いつものシャツにジャケットを羽織って、髪はウエットになでつけてみる。その思わぬイメージの変化に、女性はドキッとするのです。

シチュエーションに合わせるというのが重要ポイント。ヘア&メイクの仕事では、その撮影のテーマやライブのセットリストに合わせて、髪型などをチェンジします。それがシチュエーションに合わせるということ。アレンジが雰囲気にハマったときのファンの方の反応は、驚くほど熱いですよ。

075

「俺なんて」をやめてみると男性はポジティブスパイラルにのれる

私は女性アーティストのヘア&メイクも手がけていますが、男性の特徴として、「一度はずみがつくと、どんどんカッコよくなっていく」ということを感じます。

男性は、真面目にコツコツ努力を続けられる人が多いのが理由のひとつ。特に大人の男性は、美容に気を使ってきたという方が少ないので、少し努力を続けるだけで、驚くほど見た目が変わります。スキンケアなどは、継続することで確実に効果が得られるもの。トラブル肌だった男性でも、「荒木式スキンケア」をコツコツ続けた結果、驚くほど美肌になった方が何人もいらっしゃいます。

目に見えて結果が出ると、もっとカッコよくなりたい、という欲が出てきます。この欲が出てきたらしめたもの！　男性特有の真面目さ、根気強さで、髪型の整え方などもどんどんマスターし、結果、本当にイケメンになれてしまうのです。

「どうせ俺なんて」と思っているメンズのみなさん、謙虚さは一度手放してください。一歩踏み出しさえすれば、美のポジティブスパイラルにのっていけるのです。１００％の男性が、今よりイケメンになれる。カッコよくなれる。そこで得た自信は、周囲からの好印象や信頼感を集め、仕事や恋愛での成功にもつながっていくでしょう。

さあ、今日から、イケメンスパイラルにのっていきましょう！

あとがき

この仕事を始めて、もう30年近く。経験から思うのは、メンズにとって大切なのは、内側から放たれる、キラキラしたオーラだということ。

オーラは、ヘア&メイクで引き出すことができます。美容を頑張って、鏡を見るたびにイケてる自分が映れば、テンションが上がる。その高揚感が自分に自信を与える。その姿に周囲の人も、ハッとさせられる。周囲に人が集まり、仕事にもプライベートにもいい影響が出る。イケメンたちは、みんな、そんなプロセスを経て、時代をけん引するほどのイケメンとなっていくのです。

どんな男性でも、オーラあるイケメンになれる。

その事実を、この本を通して一人でも多くの男性に知っていただきたい。そして「荒木式」の美容法を実践することで、人生をよりいきいきと楽しんでいただければ……こんなうれしいことはありません。

ヘア&メイクをまかせてくださっているアーティストのみなさま、スタッフの方々のお力添えなくしては、ここまでやってくることはできませんでした。本当にありがとうございます。そして、熱い声援で私にもパワーをくださる、アーティストのファンのみなさまにも、あらためて感謝申し上げます。

荒木尚子

IBC　03-6404-6870

ADDICTION BEAUTY　0120-586-683

arromic　072-728-5150

石澤研究所　0120-49-1430

イミュ　0120-371-367

USUI BRUSH　078-306-6552

HFC プレステージジャパン OPI事業部　0120-559-330

SK-II お客様相談室　0120-02-1325

msh　0120-131-370

大島椿 お客様相談室　0120-457-178

オクトーブル　https://www.octbre-trois.com/products

オルビス 0120-010-010

花王　0120-165-692

かならぼ　0120-91-3836

カネボウ化粧品　0120-518-520

KISSME（伊勢半）　03-3262-3123

KIYORAきくち　https://www.kiyora-kikuchi.com

Clue　0120-274-032

小泉成器 お客様相談窓口　0570-07-5555

シーアール・ラボ　https://www.cr-laboratory.com

chez moi　http://www.chezmoi-co.com/

資生堂お客さま窓口　0120-81-4710

タカラベルモント　0120-00-2831

チャコット お客さま相談室　0120-155-653

テスコム　https://www.nobby-pro.jp

NAOS JAPAN ビオデルマ　0120-074-464

中野製薬　https://www.nakano-seiyaku.co.jp/

ニュースキンジャパン　0120-022-723

パナソニック　https://panasonic.jp/mens/

b-ex　https://www.b-ex.inc

ビーバイ・イー　https://www.bxe.co.jp/contact/

Beauty Sustainability　https://dry-shampoo.jp

ファイテン　0120-524-976

フィリップス・サポートセンター　0120-944-859

ベネクスカスタマーサービス　046-200-9288

ホーユーお客様相談室　0120-416-229

マンダムお客さま相談室　0120-37-3337

ミヨシ石鹸　https://miyoshisoap.co.jp

ミルボンお客様窓口　0120-658-894

メディキューブ　https://www.medicube.com

メルヴィータジャパン カスタマーサービス　03-5210-5723

ラフラ・ジャパン　https://granfixer.com

ラ ロッシュ ポゼ お客様相談室　03-6911-8572

リンクス　https://pyr.links-links.jp

Special Message for Hisako Araki

日本の美男の歴史をクリエイトした
“イケメン製造機”

荒木尚子
伝説

長年ヘア&メイクを
担当させていただいている
アーティストの皆さまから、
貴重なメッセージをいただきました。
すばらしいクリエイションの現場に
携わらせていただけることに
心より感謝申し上げます！

Message from

HYDE

L'Arc~en~Ciel / VAMPS / THE LAST ROCKSTARS

Photo／Takayuki Okada

Special Message for Hisako Araki

速い！
うまい！
かっこいい！
チャコちゃんに
任せれば大丈夫！

いつもメイクを通して撮影や
ライブに向かう空気を作っていただいて
ありがとうございます。
リラックスと緊張感を同時に作り出す
荒木さんの細やかなお気遣いは、
とても心地が良いです。

Photo／Takayuki Okada

Message from

Ken

L'Arc~en~Ciel

Message from

TETSUYA

L'Arc~en~Ciel

Photo／Takayuki Okada

荒木さんは僕にとって
ヘア＆メイクのソムリエのような存在です。
その日のシチュエーションや気分に合わせて
僕に似合う髪型やメイクを提案してくれる。
表面上だけではなく内面からコンディションを整えてくれる。
そんなヘア＆メイクさん他にはいないです。

いつもカッコよくしてくれてありがとう！

いつもお世話になってます。
これからもカッコよくしてください。

Special Message for Hisako Araki

Photo／Takayuki Okada

Message from

yukihiro

L'Arc~en~Ciel / ACID ANDROID / Petit Brabancon

Photo／Maciej Kucia (AVGVST)

チャコちゃん（荒木さん）にメイクをしていただき・・
いつも凄さを感じるところは・・無駄が全くないところ。
それはメイクの下地から〜アイラインやシャドー
〜ヘアセット〜肌やヘアのケアに至るまで一貫しています。
鋭く・・素早く・・必要な場所に・・
ある意味・・瞬殺です（笑）

Special Message for Hisako Araki

Message from
RYUICHI
LUNA SEA

Message from

SUGIZO

LUNA SEA / X JAPAN / THE LAST ROCKSTARS / SHAG

チャコちゃんとは、もう早20年、
彼女のアシスタント時代からすると30年近くの付き合いになります。

僕らの関係性は所謂ミュージシャンとヘア＆メイクさんというよりも、
このクリエイティヴなシーンを創出し、
長年共に駆け抜けてきた心の同志という感覚です。

この20年近く、「THE SUGIZO」的な、
特徴的なヘアスタイルやメイクのイメージが定着していると思いますが、
そのほとんどはチャコちゃんが発明したようなものです。
同時にステージでどんなに暴れ回っても、
どんなに暴風を浴びても元に戻る「形状記憶合金」ヘアは、
もう特許を取るべきですね。
恐るべき能力です。
完全にヘア＆メイク・シーンの
イノベイターですね。

これからも頑固一徹、
唯一無二の道を
追求して欲しいですし、
この表現の世界での
かけがえのない同志として、
共に更なる境地を目指して
歩んでいきたいです。

大好きなチャコちゃん、
いつも本当にありがとう。
心から感謝しているよ！

Photo／Susumu Miyawaki (PROGRESS-M)

荒木尚子　あらきひさこ

ヘア＆メイクアップアーティスト、Évossée プロデューサー。数多くのアーティストのヘア＆メイクを担当。CM、広告、MV などをビジュアライズする、美のプロデューサーとして活躍している。またサロンワークでの、自分でもスタイリングしやすいよう、その人のクセや毛流れを生かしたカットに定評がある。ビューティーに関するトークイベントの出演やコラムも執筆。

HP　https://www.octbre-trois.com/
Instagram @ hisako_araki　　Twitter @arakihisako

STAFF

		イラスト	山本あゆみ
		モデル	斉藤和也、清水悠佑、
プロデュース	千葉真理（daisy）		高須和彦、後藤渉
ブックデザイン	日毛直美	取材・文	政年美代子
デザインアシスタント	太田知也	協力	後藤渉（CCCミュージックラボ）
撮影	土屋哲朗	DTP	鈴木庸子（主婦の友社）
ヘア＆メイク	荒木尚子	編集担当	野崎さゆり（主婦の友社）

男のロジカル美容75
「見た目」に絶対的な差がつく

2023年1月20日　第1刷発行

著者　荒木尚子
発行者　平野健一
発行所　株式会社主婦の友社
　　　　〒141-0021
　　　　東京都品川区上大崎3-1-1
　　　　目黒セントラルスクエア
　　　　電話　03-5280-7537（編集）
　　　　　　　03-5280-7551（販売）
印刷所　大日本印刷株式会社

■本書の内容に関するお問い合わせ、また、印刷・製本など製造上の不良がございましたら、主婦の友社（電話03-5280-7537）にご連絡ください。
■主婦の友社が発行する書籍・ムックのご注文は、お近くの書店か主婦の友社コールセンター（電話0120-916-892）まで。
※お問い合わせ受付時間　月〜金（祝日を除く）
9：30〜17：30
主婦の友社ホームページ
https://shufunotomo.co.jp/